rowohlts
monographien

HERAUSGEGEBEN

VON

KURT KUSENBERG

# VOLTAIRE

IN
SELBSTZEUGNISSEN
UND
BILDDOKUMENTEN

DARGESTELLT
VON
GEORG HOLMSTEN

ROWOHLT

*Dieser Band wurde eigens für «rowohlts monographien» geschrieben*
*Den Anhang besorgte der Autor*
*Herausgeber: Kurt Kusenberg · Redaktion: Beate Möhring*
*Umschlagentwurf: Werner Rebhuhn*
*Vorderseite: Voltaire. Gemälde von Maurice Quentin de La Tour, 1736*
*(Archiv für Kunst und Geschichte, Berlin)*
*Rückseite: Voltaire-Studien. Stich von Johann Heinrich Lips nach*
*Zeichnungen von Jean Huber (Slg. Georg Holmsten)*

| | |
|---|---|
| 1.–13. Tausend | Januar 1971 |
| 14.–16. Tausend | Mai 1973 |
| 17.–19. Tausend | Juli 1974 |

*Veröffentlicht im Rowohlt Taschenbuch Verlag GmbH,*
*Reinbek bei Hamburg, Januar 1971*

*Gesetzt aus der Linotype-Aldus-Buchschrift*
*und der Palatino (D. Stempel AG)*
*Gesamtherstellung Clausen & Bosse, Leck/Schleswig*
*Printed in Germany*
*ISBN 3 499 50173 2*

# INHALT

*Voltaire. Pastell von Maurice Quentin de La Tour, 1730*

# VON AROUET ZU VOLTAIRE

Wenn nicht alle Anzeichen trügen, steht dem Mann, der sich während des 18. Jahrhunderts unter dem Pseudonym Voltaire in der Literatur betätigte, im 20. Jahrhundert eine Renaissance bevor. Die 1966 publizierte Biographie von Jean Orieux, die gründlichste und lebendigste Beschreibung des Lebens Voltaires seit dem vor mehr als hundert Jahren erschienenen achtbändigen Monumentalwerk von Gustave Desnoiresterres, wurde auch außerhalb Frankreichs ein Bucherfolg. Erst in den letzten Jahrzehnten kamen an Stelle der meist recht unzulänglich edierten älteren Voltaire-Texte zuverlässige Ausgaben der Hauptwerke heraus. Als Krönung der Voltaire-Philologie wurden endlich 1965 die 107 Bände der Korrespondenz des Patriarchen von Ferney abgeschlossen, eine imponierende Leistung, für die der Direktor des Genfer «Institut et Musée Voltaire», Theodore Besterman, und sein Mitarbeiterteam verantwortlich zeichnen.

Die letzte größere Sammelausgabe von Voltaire, die fälschlicherweise als «Œuvres complètes» bezeichneten 52 Bände der Edition von Louis Moland, brachten mit 6000 Briefen nur etwa ein Drittel der erhaltenen Korrespondenz. Theodore Besterman bemerkt kritisch zu dieser von den meisten Forschern und Biographen benutzten Ausgabe: «Der Moland-Text enthält nicht einen einzigen Brief, der ganz akkurat abgedruckt wäre; die Hälfte ist durch offensichtliche Mängel verschiedenster Art gekennzeichnet.»[1*] In den 107 Bänden werden nunmehr, meistenteils zum erstenmal, 20054 Briefe von und an Voltaire wiedergegeben, wobei die Herausgeber die Texte fast immer mit den Originalen vergleichen konnten.

Diese Hinweise auf die Voltaire-Forschung der jüngsten Zeit sollten nur andeuten, daß vermutlich erst jetzt eine fundierte Betrachtung des Lebens und Werks Voltaires möglich sein dürfte. Man kann nunmehr hoffen, daß jener Zustand der Ignoranz überwunden wird, über den der Voltairianer Paul Sakmann vor fünfzig Jahren äußerte: «Nahezu unbekannt ist sein bestes Werk, in dem er allein ganz er selbst ist und von dem freilich, seines ungeheuren Umfangs wegen, erst recht gilt, was er von den zahllosen Bänden seiner Œuvres complètes selbst gesagt hat: *Mit soviel Gepäck zieht man nicht in die Unsterblichkeit ein*. Ich meine die Sammlung seiner Briefe. Was den, der diese Briefbände auch nur überfliegt, mit immer neuem Staunen erfüllt, das ist die fabelhafte Fülle der Interessen, die diesen beweglichsten aller Geister durchziehen. Noch wunderbarer ist der Reichtum der Töne, der ihm zur Verfügung steht, je nach dem Korresponden-

---

* Die hochgestellten Ziffern verweisen auf die Anmerkungen S. 155 f.

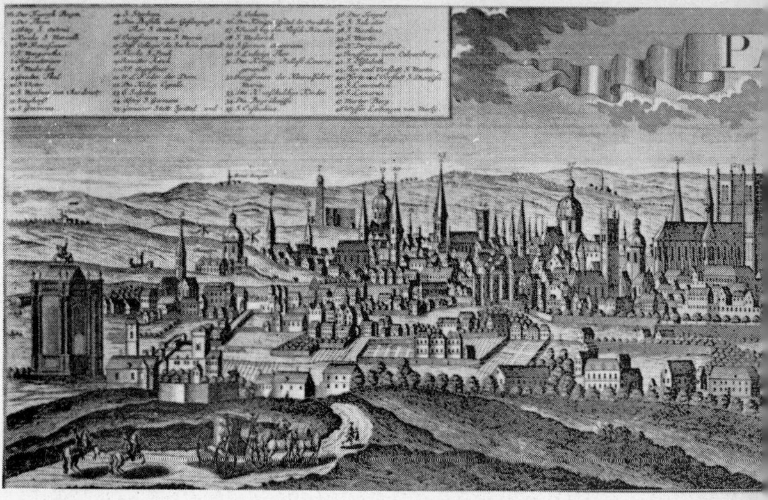

ten, dem er sich gegenübersieht, nach dem Zeitmoment, den er durchlebt, nach der Stimmung, in der dieser Moment ihn trifft.»[2]

Voltaires «bestes Werk», seine Korrespondenz, ist auch die Hauptquelle für jeden, der sich für das wechselvolle Leben und den widerspruchsvollen Charakter Voltaires interessiert. Denn nach einer Autobiographie wird man in der langen Reihe der Werke des sonst so Mitteilsamen vergeblich suchen. Voltaire brachte es nur bis zu fragmentarischen Aufzeichnungen wie etwa den *Memoiren* über seine Erlebnisse mit Friedrich von Preußen. Außer dem Genre der Autobiographie hat der durch mehr als sechs Jahrzehnte fast ununterbrochen Produktive kaum eine wesentliche Gattung der Literatur ausgelassen. Er schrieb – um nur das Wesentlichste zu nennen: Oden, Episteln, Epigramme, Gelegenheitspoeme aus verschiedenstem Anlaß, Satiren in Versen und Prosa; mehr als vierzig Dramen und Opernlibrettos; das mehr ernsthafte Epos *Die Henriade* und die Burleske von der Jungfrau von Orléans; rund zwei Dutzend Romane und Erzählungen; eine ganze Serie historischer Darstellungen und Biographien, darunter mehrbändige Werke wie *Das Jahrhundert Ludwigs XIV.* und den *Versuch über die Sitten und den Geist der Völker*; schließlich Hunderte von Abhandlungen, Artikeln und Polemiken zu wissenschaftlichen, philosophischen und theologisch-religiösen Themen. Wie schon Voltaire selbst in der von Paul Sakmann angeführten Äußerung feststellte, *zieht man mit soviel Gepäck nicht in die Unsterblichkeit ein.*

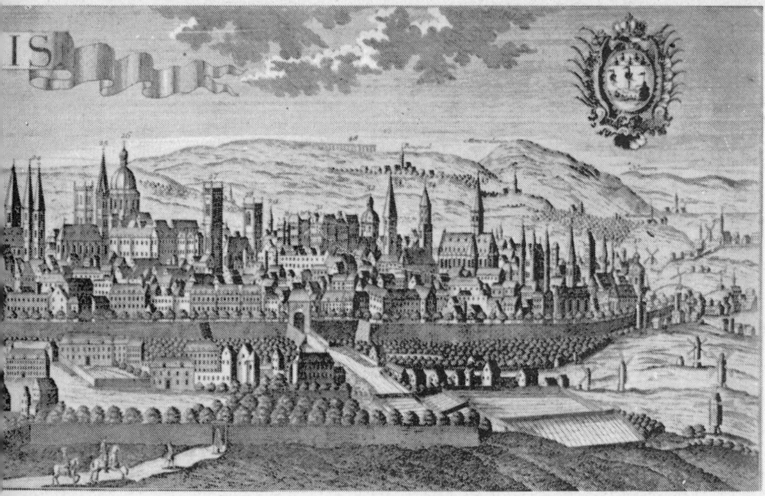

*Paris. Stich von Friedrich Bernhard Werner*

*Die Manie der Herausgeber,* so bemerkte er in einem Brief an Friedrich II. zu den 42 Bänden der Lausanner Ausgabe seiner Werke, *hat mich geradezu unter Haufen von Papier ertränkt. Diese Leute ruinieren sich wirklich durch ihren Übereifer. Da stehe ich nun im Folioformat, zernagt von Ratten und Würmern wie ein Kirchenvater.*[3]

Die Überfülle der mehr oder weniger umfangreichen Werke des sehr weltlichen Kirchenvaters mit dem Pseudonym Voltaire hat sowohl die Zeitgenossen wie die Nachwelt verwirrt und erregt. Es ist schwer, sich den Einfluß vorzustellen, den der unermüdliche, aktive «homme de lettres» auf die öffentliche Meinung seiner Zeit ausgeübt hat. Selbst ein so kritischer Biograph wie Georg Brandes kommt zu dem Ergebnis: «Es gibt Schriftsteller, die in die Literaturgeschichte hineingehören. Es gibt einige recht wenige Schriftsteller, vielleicht alles in allem ein paar Dutzend, die der Weltgeschichte angehören. Voltaire ist einer von ihnen. Vor ihm hat nur Cicero einen so zentralen Platz in der Literatur Europas eingenommen; er blickte denn auch mit Bewunderung zurück auf Cicero wie auf ein Vorbild.»[4]

Wie der römische Autor, Rhetor und Konsul war Voltaire nicht nur ein Mann der Schreibstube. Literatur und Leben stehen bei ihm in permanenter Wechselwirkung. Immer wieder gibt es bei ihm Perioden, wo man sich fragt, wie er es nur fertigbrachte, noch soviel Zeit und Energie für literarische Produktivität zu erübrigen.

Voltaire hat es seinen Biographen oft nicht leicht gemacht. Er neigte zur Mystifikation. Es machte ihm noch in seinem Alter ein boshaftes Vergnügen, über seine Familie und Geburt widersprechende Behauptungen in die Welt zu setzen. Jeder gewissenhafte Biograph muß die Schilderung dieses großen Lebens mit der etwas kleinlich pedantisch anmutenden Frage beginnen, ob François-Marie Arouet wirklich am 21. November 1694 als Sohn des königlichen Rates und Notars François Arouet in Paris zur Welt kam. So steht es heute in den meisten Lexika und Literaturgeschichten. Aber in älteren Nachschlagewerken findet man oft die Angabe, der Knabe sei bereits am 20. Februar 1694 in dem Dorf Châtenay bei Sceaux geboren, wo die Familie ein Landhaus besaß. Voltaire selbst bestand darauf, schon seit Beginn und nicht erst Ende 1694 auf der von ihm zeitlebens so heftig kritisierten «besten aller Welten» zu sein. Noch als Siebzigjähriger nannte er das Dokument über seine Geburt im November *eine gedruckte Lüge*[5]. Fest steht, daß es keinen einwandfreien urkundlichen Nachweis seiner Geburt gibt. Der Taufschein existiert nur in einer dubiosen Abschrift. So wird man wohl nie Klarheit erlangen, wann der berühmteste Franzose des 18. Jahrhunderts geboren wurde.

Voltaire wollte es auch nicht wahrhaben, daß der brave Jurist François Arouet sein Vater sei. In einer Zeit, in der der Adel an der Spitze der gesellschaftlichen Pyramide stand, gefiel es dem ehrgeizigen Sprößling der Arouets gar nicht, Sohn eines bürgerlichen Vaters und einer adligen Mutter zu sein. Umgekehrt wäre es ihm lieber gewesen. Daher dichtete er der anscheinend ebenso reizvollen wie lebenslustigen Gattin von Monsieur Arouet, die den klangvollen Mädchennamen Marie Catherine Daumart de Mauléon führte, gleich zwei adlige Liebhaber an. Bald behauptete er, der Sohn seines aristokratischen Paten, des Abbé de Châteauneuf, zu sein; der Gedanke, der spätere Kritiker der Kirche könnte der Sohn eines allerdings sehr weltfrohen Abbé sein, mochte den Satiriker Voltaire ergötzen. Bald wiederum nannte er sich einen *Bastard von Rochebrune* und beförderte einen liebenswürdigen, adligen Schöngeist dieses Namens aus dem Freundeskreis der Familie zum «Vater». «Der junge François versah sich», wie Jean Orieux bemerkt, «mit drei Vätern: einem Abbé, einem schöngeistigen Edelmann und einem königlichen Notar. Warum? Aus Freude am Gerede, um zu interessieren, zu reizen, zu schockieren und im Mittelpunkt zu stehen.»[6]

Es scheint, als sei es dem sonst so Vorurteilslosen peinlich gewesen, daß er väterlicherseits nur Gerber, Tuchhändler und Landwirte als Vorfahren aufweisen konnte. Dabei hatte Voltaire wenig Grund, die Sippe der Arouets mit soviel Geringschätzung zu behandeln. Gewiß, sie besaßen keine klingenden Adelstitel und nicht allzuviel Bildung und Esprit – in den Augen des Literaten Voltaire sicher ein Grund mehr zur Verachtung. Sie waren fleißig, rechtschaffen und strebsam, im Besitz jener Eigenschaften, die viele Angehörige der französischen Bourgeoisie dazu befähigten, nach und nach die Aristokratie zu überrunden. Vater Arouet, der nebenher als juristischer Berater der Herzöge von Sully, Saint-Simon und anderer Familien des Hochadels wirkte, brachte es nicht nur zu einem ansehnlichen Vermögen. Er erreichte es sogar, daß das alte Stammwappen der Arouets in das Wappenbuch der führenden Familien Frankreichs aufgenommen wurde. Voltaire hatte später nichts dagegen, mit diesem dekorativen heraldischen Emblem zu prunken. Es zeigt drei Feuer speiende Drachen auf goldenem Grund; «arrouer» heißt im Dialekt des Poitou, der Heimatlandschaft der Arouets, soviel wie brennen. Drei feurige Drachen mit spitzen Zungen waren zweifellos das passende Wappensymbol für einen Mann, der den Zeitgenossen mit seinen respektlosen Bemerkungen über Kirche und Fürsten oft wie ein Feuer und Unheil speiender Drache erschien.

Mag nun François Arouet senior oder ein anderer der Vater des Jungen gewesen sein; in jedem Fall war es ein Wunder, daß das schwächliche Kind überhaupt am Leben blieb. Seine Amme war der Ansicht, der Kleine habe keine Stunde zu leben – er lebte achtzig Jahre und noch ein paar mehr. Das Haus im Bezirk um die Rue Saint-André-des-Arts nahe dem Boulevard Saint-Michel, in dem Voltaire vermutlich zur Welt kam, ist schon lange verschwunden. Der Paris-Besucher, der den Spuren Voltaires nachgeht, wird auch die Amtswohnung des Vaters nahe dem Justizpalast vergeblich suchen. Dort verbrachte François seine Kindheit in Gesellschaft des zehn Jahre älteren Bruders Armand und der Schwester Catherine. Der kleine Zozo, wie der Kosename des Jungen lautete, kam mit ihr viel besser aus als mit Armand, einem braven, etwas schwerfälligen und verschlossenen Knaben, den die spöttischen Bemerkungen und Streiche des lebhaften François oft erbosten.

In dem Viertel zwischen der Königsresidenz, dem Justizpalast und der Universität scheint François eine recht sorglose Kindheit verlebt zu haben. Er hatte das Glück, zwischen Louvre und Sorbonne, im politischen und geistigen Zentrum Frankreichs, aufzuwachsen. Das gesellschaftliche Ansehen der Familie stieg, als der Vater nach dem Notariat den Titel eines königlichen Rats und den einträglichen Posten des Verwalters der Gerichtsgebühren und Geldstrafen erwarb, die bei der Pariser Rechnungskammer eingingen. In dem gastfreien Salon der Arouets verkehrten die Repräsentanten der gehobenen Bourgeoisie, Juristen, Universitätsprofessoren und Finanzleute, aber auch Adlige wie die vom Charme der Madame Arouet faszinierten Herren Châteauneuf und Rochebrune und gelegentlich auch Mitglieder des Hochadels, deren Rechtsberater Vater Arouet war.

Die ersten Eindrücke von den Gegensätzen, die die Menschen und Stände seiner Zeit trennten, erhielt der empfindliche, geistig überdurchschnittlich reife und regsame François bereits in seiner Kindheit und Jugend. Soziologisch gesehen zählten die Arouets zu der oberen Schicht des Bürgertums, das speziell in Frankreich mit dem später oft abwertend gebrauchten Begriff der «Bourgeoisie» bezeichnet wurde. Dazu rechneten sich alle die Angehörigen des «Dritten Standes», deren Beruf gar nicht oder nur in geringem Maße mit Handarbeit verbunden war: die größeren Kaufleute, Unternehmer und Geldverleiher, die Advokaten, Ärzte, Professoren und Beamten der Verwaltung. Die angesehensten, aber häufig auch unbeliebtesten «Bourgeois« waren die Inhaber der einträglicheren königlichen Ämter, die meist käuflich waren, sowie die Finanziers, die manchmal sogar dem König und dem Hochadel Geld liehen. «Die viertausend Familien des Hofadels», so schildert der Soziologe Arnold Hauser die Zustände in Frankreich in Voltaires Jugendjahren, «blieben die einzigen Nutznießer der Hofämter, der hohen geistlichen Würden, der Offiziersstellen, der Gouverneursposten und der königlichen Pensionen. Die Rivalität zwischen der Aristokratie und der Bourgeoisie wurde immer zugespitzter. Die materielle Gleichgestelltheit und die praktische Überlegenheit des Bürgertums forderten den Adel dazu heraus, die Ungleichheit der Herkunft und die Verschiedenheit der Traditionen zu betonen. Mit der Ähnlichkeit der äußeren Verhältnisse verschärfte sich aber auch seitens der Bourgeoisie die Feindseligkeit gegen den Adel.»[7]

Voltaire sollte später noch mehr als einmal in Situationen geraten, die ihn belehrten, daß Geld und Geist in einer Monarchie den Adel der Geburt nur mangelhaft ersetzen können. Im *Candide* mokierte sich der mehr als Sechzigjährige nach bitteren Erfahrungen über jene Adelsdame, die einen Junker um keinen Preis heiraten wollte, *weil er nicht mehr als einundsiebzig Ahnen nachzuweisen vermochte, während der Rest seines Stammbaums in den Unbilden der Zeit verlorengegangen war*[8].

Noch mehr Erfahrungen mit seinen adligen Zeitgenossen als in seinem Vaterhaus machte François dann auf dem Jesuitenkolleg Louis-le-Grand. Nicht lange nach dem Tode seiner Mutter, die der Junge schon mit kaum sieben Jahren verlor, brachte Arouet seinen Sohn in dem nahe der Wohnung gelegenen Internat unter. Es ist bedauerlich, daß wir über die Mutter Voltaires nur wenig Zuverlässiges wissen. Ihr Charakterbild bleibt blaß und unbestimmt. Ihre Bekannten sagten ihr Witz, gesellschaftliche Talente und heiteres Wesen nach –

*Das Lycée Louis-le-Grand in Paris*

Eigenschaften, die François mehr von der Mutter als von dem schwerblütigeren Vater geerbt zu haben scheint.

Arouet senior versuchte nach dem Tode der Frau sehr zielbewußt, seinen Jüngsten in die Karriere eines Juristen oder höheren Beamten hineinzusteuern. Er sorgte dafür, daß François am Louis-le-Grand zusammen mit den Söhnen der führenden Familien des Landes erzogen wurde. Das exklusive, kostspielige Internat gegenüber der Sorbonne hat in Frankreich viele Generationen lang einen ähnlichen Ruf gehabt wie das Eton College in England. Nicht nur viele führende Männer der Staatsverwaltung, sondern auch prominente Vertreter der Literatur (außer Voltaire z. B. Molière, Victor Hugo und Charles Baudelaire) waren Schüler dieses Instituts.

Die klugen Ordensmänner hüteten sich, vor allem ihren hochgeborenen Schülern das Leben und Lernen allzu schwer zu machen. Die Söhne der Herzöge und Marquis hatten meist ein eigenes Zimmer, während François einen Raum mit vier anderen Bürgerlichen teilen mußte. Den Frühreifen, der in seiner Freizeit schon damals seiner Lieblingsbeschäftigung, dem Lesen, nachging, störte oft die lärmende Gesellschaft der Zimmergefährten. Ebensowenig sagten dem schwächlichen Jungen das karge Essen und die Kälte zu, die im Winter in den Schülerzimmern herrschte.

Im Gegensatz zu seinem Dichterkollegen aus dem folgenden Jahrhundert, Charles Baudelaire, der das Louis-le-Grand wegen Aufsässigkeit und Disziplinlosigkeit verlassen mußte, besaß der junge Voltaire die Gabe der Anpassungsfähigkeit. Der liebenswürdige, mit mehr oder weniger aufrichtigen Komplimenten sehr freigebige Junge gewann die Sympathie der Lehrer und Mitschüler. Einige seiner hochgeborenen Schulkameraden waren Voltaire später oft recht nützlich, so etwa die Brüder d'Argenson, die es zu Ministerposten brachten, und vor allem der Herzog von Richelieu. Als Marschall von Frankreich, Schlachtenheld und noch eifrigerer Eroberer von Frauenherzen gelangte der Großneffe des politischen Kardinals Richelieu zu etwas dubiosem Ruhm. Der Herzog blieb seinem später von so vielen angegriffenen Mitschüler nicht zuletzt wegen seiner eigenen schlechten Erfahrungen mit Monarchen zeitlebens freundschaftlich verbunden.

Auf die Jesuitenpater machte der junge Arouet durchaus nicht den Eindruck eines künftigen Rebellen. Sie stellten fest, daß er mühelos lateinische und französische Aufsätze schreiben und sogar metrisch einwandfreie Gedichte machen konnte. Sie belohnten sein Talent durch Schulpreise und Prämien. Als eines Tages ein Invalide den Vorsteher des Kollegs bat, man solle ihm eine Bittschrift in Versen anfertigen, die er bei Hofe vorlegen wolle, gab der Pater den Auftrag an den elfjährigen Poeten Arouet weiter. Das Bittgedicht wurde dem Sohn des Königs überreicht und gefiel ihm so gut, daß der Invalide sofort sein Geld erhielt. Eines der ersten Gedichte des späteren Anwalts der Armen und Verfolgten entstand also bereits im Dienste der Nächstenliebe.

Voltaire hat später die Jesuiten wegen ihrer religiösen und politischen Praktiken oft angegriffen. Aber die nachsichtigen, literaturfreundlichen Pater vom Louis-le-Grand hat er anscheinend in guter Erinnerung behalten. Noch als Mann von über fünfzig schrieb er: *Ich bin sieben Jahre von Männern erzogen worden, die sich unermüdlich Mühe gaben, Geist und Sitten der Jugend zu bilden. Wenn man fragt, was ich in den Jahren, als ich im Hause der Jesuiten lebte, bei ihnen gesehen habe, so kann ich nur antworten: das arbeitsamste, bescheidenste, regelmäßigste Leben; alle Stunden eingeteilt zwischen der Sorgfalt, die sie uns widmeten, und den Übungen, die ihr strenges Glaubensbekenntnis mit sich brachte.*[9]

Dank der Toleranz der Lehrer und der Anpassungsfähigkeit des Schülers blieben François auf dem Internat nahe der Sorbonne wesentliche Konflikte erspart. Sie kamen erst, als er mit knapp siebzehn Jahren das Kolleg verließ. Arouet senior hatte die Sehnsucht vieler Väter: er hoffte, daß sein Sohn denselben Beruf ergreifen werde wie er. Der Ältere, Armand, war bereits dabei, in die Fußstapfen des Vaters zu treten und ein Amt in der Justiz zu übernehmen. Der Jüngere äußerte die seltsame Idee, er wolle den Beruf eines Schriftstellers ergreifen. Der Vater wandte ein, solche Leute seien für die Allgemeinheit ohne großen Nutzen und eine Last für die Familie; zudem schwebten sie dauernd in der Gefahr, hungern zu müssen.

Arouet hatte vom Standpunkt eines Bürgers der Epoche Ludwigs XIV. nicht einmal so unrecht. Wer damals seine Existenz auf schriftstellerischem Talent aufbauen wollte, riskierte zweifellos, ein dürftiges, wenig geachtetes Dasein am Rande der Gesellschaft führen zu müssen. Nur die Autoren, die durch Poeme oder Schauspiele die Gunst und finanzielle Unterstützung des Hofes oder adliger Mäzene erwarben, konnten von ihrer literarischen Arbeit leben. In einem selbstbewußten Brief an seinen Schulkameraden, den Comte d'Argenson, rechtfertigte Voltaire seinen Entschluß: *Da ich bei meinem Eintritt in das Leben nicht besonders vermögend war, war ich unverschämt genug zu meinen, ich könnte mir so gut wie andere eine durch Energie und Arbeit erreichbare berufliche Stellung schaffen. Ich wandte mich den schönen Künsten zu, die stets mit Geringschätzung betrachtet werden, da man auf diese Weise nicht königlicher Rat werden kann. Wenn man etwas Geld anlegt, kann man vielleicht Referent des Staatsrats für Bittschriften werden; aber mit Hilfe des Geldes kann man kein Gedicht schreiben.*[10]

Der Siebzehnjährige hatte jedoch noch kein größeres Gedicht fertiggestellt, das er zum Beweis seiner Fähigkeiten vorlegen konnte. So vermied er zunächst eine allzu scharfe Auseinandersetzung mit der Familie. Seufzend fügte er sich dem Willen seines Vaters und wurde ein wenig eifriger Studiosus der Rechte. Viel lieber als die Vorlesungen der Professoren frequentierte er die ausgedehnten Sitzungen eines Kreises von Edelleuten und Schriftstellern, die in Adelspalästen des Pariser Bezirks Le Temple oder in Cafés stattfanden. Schon als Schüler des Louis-le-Grand war er von seinem Paten, dem Abbé de Châteauneuf, zu den abendlichen Zusammenkünften dieser recht gegensätzlichen Gesellschaft mitgenommen worden. Da trafen sich die Herzöge von Sully und Aremberg mit weniger hochgeborenen Aristokraten und ein paar auserwählten Angehörigen der Bourgeoisie, wie dem frühreifen Sohn des Rates Arouet. Eine besondere Gruppe des Temple-Kreises bildeten die Abbés Châteauneuf, Chaulieu und Servien. Sie waren «Weltgeistliche» ohne lästige priesterliche Verpflichtungen und sahen das Amt eines Abbé vor allem als

*Ludwig XIV. Zeitgenössisches Wachsrelief*

eine einträgliche Pfründe an. Was die Gesellschaft einte, war neben der Lust am Pokulieren, Poetisieren und Philosophieren das Mißfallen an der Zeit.

Voltaire verbrachte seine Jugendjahre unter dem Regime des absolutesten aller französischen Könige, den seine Lobredner Louis le Grand – Ludwig den Großen – nannten. Nach dem Tode des Herrn von Versailles begnügte man sich meist damit, ihn nur Ludwig XIV. zu nennen. Die Nachwelt entdeckte gar zu viele Mängel an «Ludwig dem Großen», und auch die Zeitgenossen lernten mehr die Nachteile als die Vorzüge königlicher Größe und Gewalt kennen. Die Bauern und die kleinen Leute in den Städten seufzten unter den Frondiensten und Steuern, die ihnen die kostspielige Macht- und Kriegspolitik des vierzehnten Ludwig auferlegte. Nicht weniger unzufrieden waren viele Aristokraten mit ihrem Gebieter, der es verstanden hatte, den eigenwilligen Hochadel zum willfährigen Hofadel zu degradieren. Seine letzten Jahre verbrachte der alternde König am liebsten in der Gesellschaft seiner Mätresse, der prüden, bigotten Madame de Maintenon. Am Hofe herrschte eine Atmosphäre schwer erträglicher Langeweile und devoter Heuchelei. Da war es kein Wunder, daß Kreise wie die Temple-Runde viel Zulauf fanden. Dort konnte man nach Herzenslust über die herrschenden Personen klatschen, über König und Klerus witzeln, galante Verse und Gelegenheitsgedichte zu Tagesereignissen zum besten geben, mehr freisinnig als tiefsinnig philosophieren.

*Versailles, vom Park aus gesehen. Stich von P. Menant*

Der hagere Student der Rechte wider Willen François Arouet dürfte das jüngste Mitglied des Kreises gewesen sein. Er muß wohl schon in früher Jugend den Ruf eines literarischen Wunderkindes genossen haben. Eine der ersten, die sein Talent erkannten, war eine im Milieu der Pariser Lebewelt wohlbekannte Klientin seines Vaters, Ninon de Lenclos. Die gleichermaßen der Liebe wie der Literatur ergebene «Aspasia von Paris» vermachte in ihrem Testament dem jungen Arouet 2000 Livres [11] zur Anschaffung einer Bücherei. In der Temple-Runde konnte der wenig robuste Student beim Konsum zahlloser Becher des spritzigen Vin d'Ai zwar nicht mit den anderen konkurrieren. Er zog schon damals, wie auch in seinem späteren Leben, Kaffee dem Wein als geistanregendes Fluidum vor. Mehr als die lautstarken, trunkenen Lieder seiner Zechgenossen schätzte er Gespräche über Literatur, besonders über von ihm selbst produzierte Literatur.

Er verfaßte recht freie, leicht satirische Poeme und Verserzählungen über die Schwächen seiner Zeitgenossen, über betrogene Ehemänner und liebeswillige Pariserinnen zum Beispiel. Im *Anti-Giton,* einer seiner ersten Contes en vers, spottete er über einen Herrn von Courcillon, einen *schönen Marquis* von *gezierter Haltung* und *feinem Aussehen, dem dreißig Mignons lachend Gefolgschaft leisten* [12]. Aber der Studiosus arbeitete auch schon an gewichtigerer Literatur, insbesondere an einer Tragödie im antiken Stil über den sagenhaften König Ödipus. Mit dem Abbé de Chaulieu, den er wegen seiner trinkfrohen Lieder den *Anakreon des Temple* nannte, sprach er sehr kritisch bei einem Souper das Manuskript durch. *Dieses Souper,* so schrieb er dem Abbé, *hat meiner Tragödie sehr gut getan. Um etwas Gutes zu schreiben, müßte ich vermutlich nur vier-, fünfmal mit Ihnen trinken. Sokrates gab seine Lektionen vom Bett aus, Sie erteilen die Ihren bei Tisch, und so ist Ihr Unterricht sicher amüsanter als der seine.* [13]

Vater Arouet war weder mit den literarischen Bemühungen noch mit den «Soupers» im Temple einverstanden, von denen der Sohn oft erst in den Morgenstunden zurückkehrte. Die Teilnehmer dieser Diskussionen galten bei Hof und im Justizmilieu als «Libertins», als Freidenker und Verächter der Kirche und Monarchie. Sie schwebten dauernd in Gefahr, in die Bastille gesteckt zu werden. Der königliche Rat machte sich daher ernsthaft Sorgen um seinen Sohn.

So war er froh, als sich die Möglichkeit bot, François für längere Zeit aus Paris zu entfernen. Der Bruder des Abbé de Châteauneuf ging als Gesandter nach Den Haag. Auf Bitten des Rates war er bereit, den aufsässigen Jurastudenten als «Pagen» mitzunehmen. Der «Page» François, der in dieser Funktion wenig oder nichts zu tun

*Ninon de Lenclos. Anonymes Bildnis. Versailles, Museum*

hatte, war erfreut, auf diese Weise einmal ins Ausland reisen zu können und insbesondere das protestantische, vom Standpunkt strenggläubiger Katholiken «ketzerische» Holland kennenzulernen.

Arouet senior ahnte nicht, daß seinem Sohn mehr Wirrnisse bevorstanden als in Paris. Ausgerechnet in Holland und nicht in seiner Heimatstadt, dem Zentrum erotischer Vergnügungen, erlebte François seine erste Liebe. Erschwerend kam hinzu, daß es sich bei der Geliebten um die Tochter einer hugenottischen Emigrantin, einer Madame Dunoyer, handelte. Olympe, die auf den weniger feierlichen Kosenamen Pimpette hörte, erwiderte die Leidenschaft des «Pagen» des Gesandten. Sie war sofort bereit, François nach Paris zu folgen. Die ehrgeizige Madame Dunoyer war entrüstet; sie wehrte sich dagegen, daß ihre Tochter einen jungen Mann von neunzehn Jahren ohne Rang und Einkommen heiratete. Sie informierte den Gesandten unverzüglich über die unpassende Passion seines «Pagen». Man beschloß, François auf schnellstem Wege nach Paris zurückzuschicken; ja, der resolute Diplomat sperrte den Verliebten sogar in einem Zimmer der Gesandtschaft ein, damit dieser sich vor der Abreise nicht noch einmal mit Pimpette treffe. Aber der Gesandte hatte nicht mit der List des Mädchens gerechnet. Pimpette verkleidete sich als Mann und drang bis in das Zimmer des Geliebten vor.

Es ist schade, daß Voltaire, der später so manches Lustspiel schrieb, über seine erste Liebe keine Komödie verfaßt hat. Es wäre ein amouröses, intrigantes Rokoko-Lustspiel geworden. Nur das obligate Happy-End eines solchen Stückes fehlte dem Herzensabenteuer von Pimpette und François. Es gelang ihm nicht, die Geliebte nach seiner Rückkehr nach Paris zu holen. Pimpette schloß später eine nicht sehr glückliche Ehe mit einem deutschen Aristokraten, einem Grafen Winterfeldt. Voltaire hat ihr diese Zwangsheirat nicht verübelt. Er half Pimpette aus Geldverlegenheiten und hat nie schlecht von ihr gesprochen.

Zu den ersten Dokumenten seiner Korrespondenz gehören vierzehn Briefe, die François in Holland und Paris an Pimpette schrieb. Voltaire mag später in seinen Briefen manchmal falsche Komplimente gemacht, geheuchelt und gelästert haben. In den Bekenntnissen des verliebten Neunzehnjährigen findet man nur aufrichtige, naive Erschütterung. *Ich bin hier Gefangener im Namen des Königs,* berichtete er Pimpette über seinen Hausarrest im Gesandtschaftspalais. *Man kann mich wohl des Lebens berauben, aber niemals der Liebe, die ich für Sie hege. Ja, meine anbetungswürdige Gebieterin, ich werde Sie heute abend sehen und sollte ich dafür auch den Kopf auf dem Schafott opfern müssen. Seien Sie diskret: hüten Sie sich vor Ihrer Mutter wie vor Ihrem grausamsten Feind, was sage ich, hüten Sie sich vor der ganzen Welt, trauen Sie keinem! Halten Sie sich bereit, wenn der Mond auftaucht; dann werde ich das Gebäude inkognito verlassen, einen Wagen nehmen, und wir werden davoneilen wie der Wind. Selbst die Gefahr schlimmster Martern wird mich nicht hindern, Ihr Diener zu sein. Unsere Liebe wird so lange dauern wie unser Leben.*[14]

Es könnte sein, daß Demoiselle Dunoyer, die auf dem Gebiet der Liebe mehr Erfahrung besaß als ihr Anbeter und bereits eine gescheiterte Verlobung hinter sich hatte, über solche pathetischen Bekenntnisse gelächelt hat. Zum Schluß des einzigen Briefes, der von Pimpette erhalten ist, findet sich die bezeichnende Anrede: «Mein liebenswürdiges Kind, lebe wohl.» Das «liebenswürdige Kind» verstieg sich nach seiner zwangsweisen Rückkehr nach Paris sogar zu der Drohung: *Um Sie glücklich zu machen, habe ich mich in das allergrößte Unglück gestürzt. Sollten Sie so unmenschlich sein, in Holland bleiben zu wollen, versichere ich Ihnen mit aller Bestimmtheit, daß ich mich töten werde.*[15]

Diese Drohung machte er nicht wahr. Aber es steht fest, daß die Passion für Pimpette François auch physisch mitgenommen hat. Wie es in einem Bericht aus jener Zeit heißt, war er «mager wie ein Satyr». Die Freunde von der Temple-Runde waren bestürzt, wie blaß und zerrüttet ihr Tischgenosse nach der Holland-Reise aussah. Hinzu kam, daß der Konflikt mit dem Vater nunmehr noch schärfere Formen annahm. Der Rat wollte seinen Sohn enterben, ja, er erwirkte gegen François sogar einen Verhaftungsbefehl, den er erst nach Zureden von Freunden zurücknahm. Dann drohte er mit Verbannung auf eine Insel der amerikanischen Antillen. Diese Vorstellung flößte dem an das Pariser Leben gewöhnten jungen Mann einen solchen Schrecken ein, daß er sich zu dem versöhnlichen Brief aufraffte: *Ich bin damit einverstanden, mein Vater, nach Amerika zu gehen und dort von Wasser und Brot zu leben. Aber vor meiner Abreise erlaubt mir, Eure Knie zu umarmen.*[16]

Anstatt in *Amerika von Wasser und Brot zu leben* ließ er sich schließlich von seinem Vater in das Büro des Rechtsanwalts Alain nahe der Place Maubert stecken. Die Arbeit als Advokatengehilfe machte ihm ebensowenig Spaß wie das Studium der Rechtswissenschaften. Erst in späteren Jahren erkannte Voltaire, wieviel Nutzen ihm die Kenntnis des Rechts brachte. Von Monsieur Alain lernte er die Praktiken und Kniffe, die ihm bei schwierigen Geldgeschäften und Prozessen von Vorteil waren. Ohne seine Jugenderfahrungen in der Justiz wäre der alte Voltaire nie ein so erfolgreicher Anwalt der Calas, Sirven und anderer zu Unrecht Verurteilter geworden.

Im Büro Alain hatte er einen Leidensgefährten, der gleichfalls lieber Bücher las und Verse machte als Gerichtsakten bearbeitete. Mit diesem Advokatengehilfen namens Claude Thiériot schloß er eine Freundschaft fürs Leben. Dabei war dieser junge Mann, milde gesagt, «ein vertrackter, nicht ganz kompakter Charakter». Er war zugleich liebenswürdig und faul, hilfsbereit und intrigant, ein Schwätzer und Schmeichler, der vor allem die angenehme Eigenschaft hatte, daß er Voltaires literarische Produkte stets unübertrefflich fand. Thiériot hat seinen später so berühmten Freund weidlich ausgenutzt, angepumpt, verleumdet und belogen, ja sogar bestohlen. Und Voltaire hat ihm immer wieder verziehen und den Schmarotzer durch eine

*Herzog Philipp von Orléans.*
*Stich von Petit nach J. B. Santerre*

mehr als fünfzigjährige Freundschaft und Korrespondenz mit sich in die Unsterblichkeit gezerrt. Seinen Freunden verzieh der Mann, der später literarischen Konkurrenten gegenüber so nachtragend sein konnte, Fehler und Missetaten.

In der Temple-Runde sowie in den Pariser Cafés und Theatern trösteten sich die beiden Advokatengehilfen wider Willen über die doppelte Misere: die Misere des Anwaltsbüros und die der Zeit, in der sie lebten. Man darf nicht vergessen, daß Voltaire seine ersten 21 Lebensjahre unter der Herrschaft Ludwigs XIV. verbringen mußte, unter einem absolutistischen, bigotten Regime, das freien Geistern das Leben schwermachte. Als der offiziell so vielgepriesene Monarch 1715 starb, gab es nur wenige, die aufrichtig um ihn trauerten. Was Volkszahl und politischen Einfluß betraf, war Frankreich zwar immer noch die erste Macht Europas. Jedoch die wenig erfolgreichen

Eroberungskriege, die Vertreibung der Protestanten und eine unrealistische Finanzpolitik hatten das Land ruiniert.

Unter dem Herzog Philipp von Orléans, der an Stelle Ludwigs XV., des minderjährigen Thronerben, die Regierungsgeschäfte übernahm, brach eine Epoche größerer Freiheit an. Es war eine Freiheit, die besonders auf erotischem Gebiet in Zügellosigkeit umschlug, so daß die acht Jahre der Regentschaft ein bevorzugtes Terrain für Erzähler pikanter Anekdoten und die Autoren von Sittengeschichten geworden sind. Das skandalöse Privatleben des Herzogs, der im Übermaß dem Trunk und der Liebe huldigte, ist schuld daran, daß seine Verdienste als Regent oft übersehen werden. Die Verfolgungen und Benachteiligungen aus religiösen Gründen, die unter Ludwig XIV. an der Tagesordnung waren, hörten unter dem freisinnigen, philosophisch gebildeten Regenten fast ganz auf. Dem Parlament gab er die Befugnis zurück, «über die Edikte des Königs vor ihrer Registrierung zu beraten und Einwände dagegen vorzubringen»; im Vergleich zu der Gesetzesdiktatur des Herrn von Versailles war dies unbedingt ein Fortschritt. Philipp hatte die witzige Liselotte von der Pfalz, Verfasserin der später so berühmten originellen Briefe, zur Mutter, und er besaß auch selbst viel Sinn für Wissenschaft, Kunst und Literatur. Er förderte besonders jene Künste, die der Verherrlichung des in den Kreisen um den Herzog so intensiv gepflegten Lebensgenusses dienten. Er ernannte das feinste Talent des französischen Rokoko, Antoine Watteau, zum Hofmaler und verlieh ihm den kuriosen Titel «Maler der galanten Feste». Auch für Poeme, wie der junge Arouet sie den Aristokraten der Temple-Runde gern vorlas, hatte der Regent etwas übrig. Der schwächliche François besaß zu wenig physische Robustheit, aber auch zuviel Geist, um allzu intensiv an den Ausschweifungen der Temple-Gefährten teilzunehmen. Er begnügte sich damit, die Launen und Laster seiner Zeitgenossen mit satirisch angehauchten Gelegenheitspoemen zu glossieren – eine Neigung, die ihm sehr bald zu seiner ersten unangenehmen Erfahrung in der Literatur verhelfen sollte.

Ein beliebtes Thema der mehr oder weniger deutlichen Satiren und Schmähschriften, die damals in den Pariser Cafés und Salons kursierten, waren die Liebschaften des Regenten. Man sagte darin dem Herzog nach, er unterhalte nicht nur mit Hofdamen und Schauspielerinnen, sondern auch mit seiner leiblichen Tochter, der Herzogin von Berry, intime Beziehungen. 1717 tauchte das Gerücht auf, die Berry habe sogar ein Kind von ihrem Vater. Dem Herzog wurde zugetragen, der junge Arouet sei Verfasser eines Poems, das beginnt: «Endlich hast du, schöne Herzogin von Berry, dich völlig von dem allgemeinen Vorurteil befreit.» Der Beschuldigte leugnete, der Autor zu

*Die Bastille mit der Porte Antoine. Stich, um 1750*

sein. Aber er konnte nicht beweisen, daß ein anderer die Spottverse verfaßt hatte.

Der tolerante Regent verhängte eine Buße, die, gemessen an den für Beleidigungen von Mitgliedern der Königsfamilie üblichen hohen Strafen, recht milde ausfiel. Der angebliche Lästerer wurde aus Paris in die Provinz verbannt. Er durfte sogar den Verbannungsort selbst wählen und begab sich auf das Schloß des Herzogs von Sully, der mit der Familie Arouet befreundet war. In einer gereimten Epistel versuchte François die Gunst des Regenten zurückzugewinnen. Er nannte Philipp ungeniert den *Liebling der Götter, die Stütze des Volkes.* Durch diesen poetischen Kniefall vor dem Regenten und noch mehr durch die Fürsprache der adligen Freunde erlangte er schon nach acht Monaten die Erlaubnis zur Rückkehr in die Hauptstadt.

François hatte den Eindruck, ein Opfer fürstlicher Willkür geworden zu sein. Er war so unvorsichtig, dies nicht nur seinen Freunden, sondern auch Leuten zu sagen, die er flüchtig in Cafés kennenlernte. Im Gespräch mit einem dieser Zufallsbekannten, einem Hauptmann Beauregard, bezeichnete er den Regenten als einen Flegel und seine Tochter als Dirne. Zudem behauptete er, der Autor des Poems zu sein, dessen Urheberschaft er früher so lebhaft bestritten hatte. Er ahnte nicht, daß Beauregard ein Agent der Polizei war, der den Behörden berichtete, der junge Arouet schreibe Gedichte, in denen die Personen des Hofes und die Monarchie angegriffen würden. In den nächsten Monaten geriet der redselige Poet in den Verdacht, Verse und Pamphlete verfaßt zu haben, die zum Teil gar nicht von ihm stammten, so etwa ein Gedicht über die Mißstände unter Ludwig XIV. In dieser Satire ging es nur um vergangene Ereignisse. Üblere Folgen hatte für den jugendlichen Pamphletisten ein lateinisches Schmähgedicht *Regnante puero*, das die Zustände unter dem Regenten kritisierte: *Als ein Knabe König war, ein wegen Giftmordes und Blutschande berüchtigter Mann die Regentschaft führte, als die Regierung unwissend und unbeständig und die Schatzkammer leer war ...*[17]

Auf Grund der Polizeiberichte, die in diesem Fall sogar zutrafen, mußte der Herzog annehmen, der erst unlängst aus der Provinz zurückgekehrte Sohn des Rates Arouet sei der anonyme Verfasser. Unter einem strengeren Landesherrn wäre der Autor eines solchen Pamphlets der Folterung unterworfen und zum Tode verurteilt worden. Der gutmütige Sohn der Pfälzerin, dem solche scharfen Maßnahmen zuwider waren, begnügte sich damit, die Order zu erlassen: «Seine Königliche Hoheit trifft die Verfügung, daß Herr Arouet Sohn [wörtlich: Sieur Arouet fils] verhaftet und in die Bastille überführt werde. Philippe d'Orléans.»[18]

Nachdem «Sieur Arouet fils» am Pfingsttag des Jahres 1717 von Polizisten in das berüchtigte Pariser Staatsgefängnis gebracht worden war, schrieb er sofort an seinen Protektor, den bei Hofe einflußreichen Herzog von Sully: *Monseigneur, Herr de Basun, Leutnant der Polizei, hat mich heute morgen verhaftet. Mehr kann ich Ihnen nicht sagen. Ich weiß nicht, aus welchem Grunde es geschah. Meine Unschuld sichert mir Ihre Protektion. Wenn Sie mir diese gewähren würden, wäre ich nur allzu glücklich.*[19]

Der Verfasser so manchen satirischen Poems tappte lange im dunkeln, welches seiner Werke wohl bei Hofe Anstoß erregt haben könnte. Daß dem Hofe und den Ministern mißliebige Personen ohne Begründung «auf höheren Befehl» in die Bastille eingeliefert wurden, gehörte zu den Gepflogenheiten der Justiz französischer Monarchen. Oft wurden die Verhafteten weder verhört noch fand eine förmliche Anklage statt. Sie wußten auch nicht, wann sie mit ihrer Entlassung rechnen konnten.

All dies machte den Aufenthalt in der Bastille für den leicht reizbaren, ungeduldigen Sohn des Rates Arouet, der die Methoden der Justiz aus dem Büro seines Vaters und des Anwalts Alain gut kannte, zu einer qualvollen Geduldsprobe. Er verbrachte immerhin fast ein Jahr im Sondergefängnis für Staatsgefangene. Als Häftling aus guter Familie erhielt er zwar ein eigenes Zimmer, durfte sich Bücher kommen lassen und gelegentlich den Besuch von Freunden empfangen. Mehr Vergünstigungen vermochten die adligen Protektoren nicht

Paris:
die Comédie Française

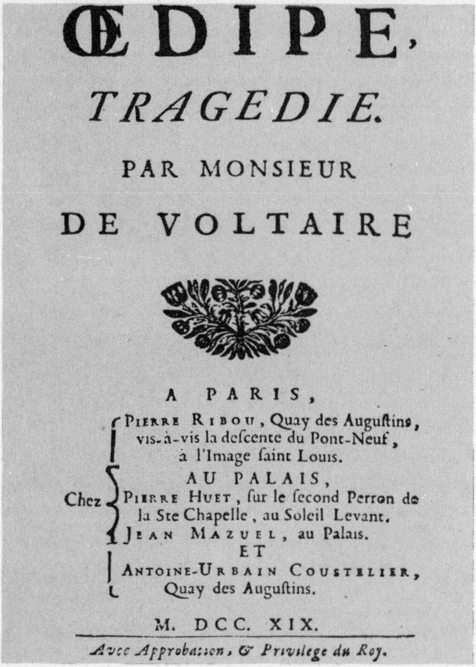

ŒDIPE,

TRAGEDIE.

PAR MONSIEUR

DE VOLTAIRE

A PARIS,

Chez
Pierre Ribou, Quay des Auguſtins, vis-à-vis la deſcente du Pont-Neuf, à l'Image ſaint Louis.
AU PALAIS,
Pierre Huet, ſur le ſecond Perron de la Ste Chapelle, au Soleil Levant.
Jean Mazuel, au Palais.
ET
Antoine-Urbain Coustelier, Quay des Auguſtins.

M. DCC. XIX.

Avec Approbation, & Privilege du Roy.

Titelseite der
Tragödie «Œdipe».
Auf ihr erscheint zum
erstenmal der Name
«Monsieur de Voltaire»

durchzusetzen. Vor allem seine Hauptwünsche, Feder, Tinte und Papier, wurden ihm nicht erfüllt. Die Verwaltung der Bastille hatte kein Interesse daran, daß er neue Pamphlete gegen Regime und Regentschaft losließ.

«Arouet fils» hütete sich in der Bastille vor solchen gefährlichen Niederschriften. Er beschränkte sich darauf, ein weniger aufsässiges Poem mit einem Bleistift an die Ränder und zwischen die Zeilen seiner Bücher zu schreiben. In der Bastille entstanden die ersten Teile der *Henriade,* des Epos über Heinrich IV., der einer der tolerantesten Herrscher der französischen Geschichte war. Obwohl der Häftling Arouet den Regenten nach seinen Erfahrungen für weniger tolerant halten mußte, hatte er die Absicht, das Epos später Philipp von Orléans zu widmen.

Ebenso überraschend wie die Verhaftung erfolgte eines Tages auch die Freilassung. In den Pariser Cafés, wo man sich nur zu gut der Lästerreden erinnerte, die «Arouet fils» gegen den Regenten und seinen Kreis geführt hatte, war man über den Gnadenakt verblüfft. Man hatte nicht damit gerechnet, den Unvorsichtigen schon nach elf Monaten wiederzusehen. Vermutlich verdankte er die schnelle Befreiung der Fürsprache seiner adligen Freunde und den guten Beziehungen des Vaters zur Justiz.

Anscheinend hat Arouet senior sich in seinen letzten Lebensjahren mit den Eskapaden seines Jüngsten abgefunden, vor allem wohl deshalb, weil der älteste Sohn ihm auch nur wenig Freude machte. Armand hatte sich zu einem bigotten Frömmler und Fanatiker entwikkelt, eine Einstellung, die in dem lebensfrohen Paris der Regentschaft noch absurder wirkte als der Libertinismus seines Bruders. «Ich habe zwei Narren als Söhne», erklärte der Jurist seinen Freunden. «Der eine ist zu gottlos, der andere zu fromm.»

Der frisch aus der Bastille entlassene «gottlose» Sohn hatte wenig Lust, in das Anwaltsbüro an der Place Maubert zurückzukehren. Der Monatszuschuß, den der alte Arouet seinem Sohn bewilligt hatte, war jedoch so knapp, daß er sich nach anderen Verdienstmöglichkeiten umsehen mußte. Von Gelegenheitspoemen, die in Journalen und auf Flugblättern gedruckt wurden oder gar nur in handgeschriebenen Kopien kursierten, vermochte kein Literat zu leben. Nur mit einem größeren Werk, das von einem Mitglied der königlichen Familie angenommen und honoriert wurde, konnte sich ein Schriftsteller eine Existenz schaffen.

«Sieur Arouet fils» faßte daher den verwegenen Entschluß, Hofdichter des Regenten zu werden, den er so oft gelästert hatte. Das Epos auf Heinrich IV. war noch nicht weit gediehen. Er vollendete daher zunächst das Manuskript des Ödipus-Dramas, an dem er schon seit Jahren arbeitete. Er bot das Stück der Comédie Française an, und die führende Pariser Bühne war bereit, es aufzuführen. Der junge Poet bat den Regenten, dem Schauspiel seine Protektion zu gewähren. Der Herzog lehnte es zwar ab, das Schauspiel eines unlängst aus der Bastille Entlassenen zu protegieren. Aber er erschien zusammen mit seiner Tochter zur Uraufführung des *Ödipus* und gab damit dem Erstlingswerk von «Arouet fils» doch eine Art offizieller Billigung.

Das vom Stoff her wenig originelle, jedoch rhetorisch wirkungsvolle Schauspiel fand so viel Beifall, daß es noch fünfundzwanzigmal aufgeführt wurde. Durch seine Haft in der Bastille war der Autor des *Ödipus* dem Pariser Publikum bekannt geworden. Besonders lebhaft wurde der Applaus, wenn der junge Dichter selbst in seinem Stück auftrat. Mit etwas maliziösem Lächeln trug er als Page die Schleppe des Hohenpriesters über die Bühne. Das Drama enthielt nämlich, in allerdings noch recht vorsichtigen Versen, Angriffe gegen die Priester, die die Orakelgläubigkeit des in die tragische Liebe zu seiner Mutter verstrickten Königs und des Volkes ausnutzten, um ihre Herrschaft zu festigen. Wer es wollte, konnte dies auf die politisch ehrgeizige Geistlichkeit der französischen Monarchie übertragen.

Es scheint, daß diese Passagen des Stücks dem Regenten, der den Einfluß der Kardinäle und fürstlichen Beichtväter auf die Politik einzudämmen suchte, besonders gefallen haben. Er bewilligte dem Autor, über dessen Geldnöte er unterrichtet war, ein Jahresgehalt von 1200 Livres. Wenig mehr als ein halbes Jahr nach seiner Entlassung aus der Bastille war «Sieur Arouet fils» zum Empfänger eines höfischen Ehrensoldes avanciert. Als der Regent ihn sogar zur Tafel einlud, bedankte der junge Literat sich beim Gastgeber mit liebenswürdiger Arroganz: *Monseigneur, ich bin ungemein dankbar, daß Eure Königliche Hoheit für meine Beköstigung sorgen. Aber ich flehe Eure Hoheit an, sich nicht mehr um mein Logis bekümmern zu wollen.*[20]

Das epigonale, im Stoff eng an das Drama des Sophokles angelehnte Trauerspiel *Ödipus* war der erste große Erfolg des Vierundzwanzigjährigen, der bisher nur Gelegenheitsprodukte von geringem Umfang publiziert hatte. Es war außerdem das erste Werk, bei dem der Sohn des Rates Arouet das Pseudonym benutzte, das ihn nunmehr sein ganzes Leben begleiten sollte: Voltaire – oder genauer: *Monsieur de Voltaire.* Ja, François Arouet legte sich in der Buchausgabe des *Ödipus,* die kurz nach der Aufführung erschien, ungeniert einen Decknamen mit dem Adelsprädikat «de» zu. Er adelte sich selbst – eine Anmaßung, die ihm noch viel Ärger bereiten sollte. Das Pseudonym «de Voltaire» wäre von den Kritikern des jungen Literaten vielleicht noch hingenommen worden, wenn die Familie Arouet ein Gut namens Voltaire besessen hätte, wie man es anfangs vermutete. Aber es stellte sich heraus, daß es sich bei Voltaire lediglich um ein Anagramm aus Arouet l. j. gleich le jeune oder der Junge handelte. Da u und v sowie j und i sich in Druckschrift kaum voneinander unterscheiden, erlaubte sich der Verfasser des *Ödipus* die Buchstabenspielerei Voltaire.

Wie manche Angehörigen des gehobenen Bürgerstandes zeigte er eine snobistische Vorliebe für alles Adlige. Er legte sich eine Geliebte mit dem dekorativen Namen Suzanne Catherine Gravet de Corsembleu de Livry zu. Diese Adelsdame übte den für ihren Stand ungewöhnlichen und damals nicht sehr geachteten Beruf einer Schauspielerin aus. Voltaire und Suzanne hatten eine Passion fürs Theater, und zumindest in beruflicher Hinsicht verstanden sie sich ausgezeichnet. Daß die Geliebte ihm mit anderen Männern untreu wurde, nahm Voltaire ihr nicht übel. Er war stolz, eine Freundin aus der Aristokratie zu haben, und ließ sich eigens für Suzanne von dem Modemaler der Pariser Salons, Nicolas de Largillière, porträtieren.

Das sicher ein wenig geschmeichelte Bild zeigt den Vierundzwanzigjährigen als eleganten Rokoko-Kavalier in einem Anzug aus blauem Samt mit Spitzenmanschetten und natürlich mit der unvermeidlichen Perücke. Es ist das Voltaire-Porträt, auf dem er am «schönsten» aussieht: groß und leuchtend die Augen, hoch und gewölbt die Stirn, Nase, Mund und Kinn fein konturiert. Es fehlt auch nicht die Andeutung eines leicht amüsierten Lächelns. Man kann sich diesen jungen Mann gut als unermüdlichen Caféplauderer und Spötter vorstellen. Er sah damals zweifellos wie ein Mann aus, der bei Frauen Erfolg hatte, und die Fama berichtet, der Autor des *Ödipus* habe außer mit Suzanne de Livry auch mit einigen Schauspielerinnen der Comédie Française Beziehungen angeknüpft. Jedoch der Ehrgeiz des Literaten, der sich selbst geadelt hatte, zielte höher. Er bemühte sich um die Gunst der ebenso schönen wie klugen Herzogin von Villars. Aber da mußte er die Erfahrung machen, daß sein Esprit und Unterhaltungstalent mehr gefragt waren als seine nicht sehr robuste Männlichkeit. Auch die Marquisen Mimeure, Rupelmonde und Bernières, die Voltaire verehrte, schätzten mehr die geistigen als die erotischen Qualitäten des hoffnungsvollen Autors.

Voltaire hatte das Talent zu unglücklicher Liebe in sehr geringem Maße, und so konnte ihn die Zurückweisung durch die Herzogin von Villars und andere Aristokratinnen nur wenig aus dem Gleichgewicht bringen. Aus dem Brief des Fünfundzwanzigjährigen an die Marquise de Mimeure spricht verstandeskühle Resignation: *Ich danke Ihnen vielmals für das Mittel gegen mein Augenleiden. Das ist im Moment die einzige Medizin, die ich brauche. Sie können sicher sein, daß ich von dem Leiden, das Sie befürchten, geheilt bin. Sie haben mir die Gewißheit geschenkt, daß Freundschaft tausendmal mehr wert ist als Liebe. Ich habe überhaupt das Gefühl, daß ich für Leidenschaft nicht geschaffen bin. In der Liebe komme ich mir selbst ein wenig lächerlich vor. So ist es nun mal, ich verzichte für immer auf all dies.*[21]

Das war für einen Fünfundzwanzigjährigen ein hartes Wort und zugleich eine Einsicht, bei der viel Kalkül mit im Spiel sein mochte. Der so oft Kränkelnde lebte immerhin in einer Stadt, die in ganz Europa als Zentrum des Amüsements in allen Spielarten galt. Über die Zustände in der Pariser Gesellschaft, in der Voltaire verkehrte, entrüstete sich die Mutter des Regenten, die wackere Liselotte von der Pfalz, in einem Brief: «Von neun jungen Leuten von Qualität, so vor etlichen Tagen mit meinem Enkel, dem Herzog von Chartres, zu Mittag aßen, waren sieben, so die Franzosen [die Syphilis] hatten. Ist das nicht abscheulich? Die meisten Leute hier im Land setzen ihren einzigen Trost in Ausschweifungen und Divertissementen; außer diesen wollen sie nichts wissen noch hören. An eine ewige Glückseligkeit glauben sie nicht, meinen, daß nach dem Tod gar nichts mehr seie, weder Gutes noch Böses.»[22]

Voltaire tummelte sich als erfolgreicher junger Autor recht ausgiebig in jener Welt, die für «Ausschweifungen und Divertissementen» mehr Interesse hatte als für «eine ewige Glückseligkeit». Von «Ausschweifungen», bei denen er sich «die Franzosen» einhandeln konnte, hielt er sich fern; aber die anderen «Divertissements» von Paris genoß er in vollen Zügen. Die Abende und häufig auch die Nächte verbrachte er in Cafés, Theatern und Salons, und zuweilen fuhr er mit einer Kutsche über Land von Schloß zu Schloß. Sowohl in den Zentren adliger Geselligkeit wie im Theater- und Literaturmilieu schätzte man den geistreichen Konversationspartner, der bei den stundenlangen Unterhaltungen nur zu gern die Hauptrolle spielte. Auf die Tugenden der Bescheidenheit und Zurückhaltung legte Monsieur de Voltaire, wie er sich ungeniert nennen ließ, keinen besonderen Wert. Dafür brillierte er bei den Gesellschaften mit Bonmots, Klatschgeschichten, maliziösem Spott über An- und Abwesende und nicht zuletzt mit Vorlesungen aus Werken, an denen er gerade schrieb.

Es war ein Wunder, daß er bei dieser turbulenten Geselligkeit überhaupt zum Schreiben kam. Zwischen Cafébesuchen und Soupers gelang es ihm immerhin, das Epos um Heinrich IV. abzuschließen, das er in der Bastille begonnen hatte. Auch ein neues Schauspiel nach antikem Muster, *Artémire*, ging in der Comédie Française über die Bretter. Der Erfolg des *Ödipus* wiederholte sich nicht. Der Autor be-

*Der junge Voltaire. Gemälde von Nicolas de Largillière*

gab sich selbst auf die Bühne und versuchte, dem unzufriedenen Publikum die Qualitäten des Stücks auseinanderzusetzen. Als *Artémire* trotzdem sehr wenig Applaus erhielt, mußte sich Voltaire damit abfinden, daß sein zweites Schauspiel schnell wieder vom Spielplan verschwand.

1722 starb sein Vater. Der Bruder Armand übernahm von Arouet senior nicht nur das lukrative Amt des Verwalters der Gerichtsgebühren und behördlichen Strafgelder. Er erbte auch den größten Teil des Vermögens, so daß der jüngere Bruder sich mit Recht übervorteilt vorkam. Jahrelang zogen sich die Erbstreitigkeiten zwischen den Brüdern hin. Aus den Geldnöten seiner Jugendjahre war Voltaire allerdings schon als Fünfundzwanzigjähriger heraus. Zu den 1200 Livres, die ihm der Regent als Jahrgeld bewilligt hatte, kam sehr bald eine jährliche Rente von 2000 Livres aus der Kasse des jugendlichen Königs hinzu, die die adligen Freunde für ihren poetisch begabten Schützling durchgesetzt hatten. Ferner nutzte Voltaire seine Beziehungen zum Hofadel und zu den Finanzleuten sehr ergiebig aus, indem er als Vermittler bei Pacht- und Lieferungsverträgen auftrat. Seine Lehrjahre im Advokatenbüro waren nicht umsonst gewesen. Schon mit dreißig Jahren galt Voltaire als der bestverdienende Literat von Paris. Allerdings verdiente er sein Geld nicht mit Literatur und nicht durch Tantiemen seiner Stücke, die er nach dem Vorbild adliger Mäzene großzügig den Schauspielern überließ.

Sowohl die literarischen wie die geschäftlichen Pläne Voltaires wurden durch ein Ereignis gestört, mit dem er nicht gerechnet hatte: der Regent erlag im Alter von noch nicht fünfzig Jahren einem Schlaganfall. Voltaire hatte dem Herzog sein Epos über Heinrich IV. widmen wollen und mit einem erheblichen Honorar aus der Kasse des großzügigen Regenten gerechnet. Nun mußte er sich um einen anderen fürstlichen Protektor bemühen. Einen Verleger für sein Werk brauchte er nicht mehr. Da die Zensurbehörden die Veröffentlichung in Paris nicht sofort genehmigten, hatte der ungeduldige Autor das Epos heimlich in Rouen drucken lassen. Voltaire rechnete mit einer nachträglichen Druckerlaubnis. In Möbelwagen wurden die 2000 Exemplare der ersten Auflage des Werkes *Die Liga oder Heinrich der Große. Episches Gedicht von Monsieur de V.* nach Paris hineingeschmuggelt.

Nach dem Tode des Regenten arbeiteten die Behörden noch lässiger als vorher. So riskierten die Buchhändler nicht allzuviel, wenn sie das von der Zensur noch nicht gebilligte Buch mit der gebotenen Vorsicht verkauften. Das Poem bekam für die Bücherliebhaber den Reiz des Verbotenen, Sensationellen, als ein Protest des päpstlichen Nuntius gegen die Publikation bekannt wurde. Bewußt hatte Voltaire den König der französischen Geschichte behandelt, der am entschiedensten für Toleranz gegenüber den Protestanten, für Freiheit des Glaubens und Denkens eingetreten war. In den zehn Gesängen schilderte er, wie Heinrich IV. den Greueln der Religionskriege und der Bartholomäusnacht ein Ende machte und den Protestanten im Edikt von Nantes Duldung und Freiheit gewährte.

Die *Henriade,* wie das Epos in seinen späteren Auflagen hieß, hat den Zeitgenossen Voltaires mehr bedeutet als der Nachwelt. Mit den Alexandrinergesängen, denen es bei allem Wohllaut der Sprache an Anschaulichkeit fehlt, ist Voltaire zwar nicht der Homer Frankreichs geworden, wie der selbstbewußte junge Dichter es erhoffte. Aber es ist das erste markante Bekenntnis zum Geist des Friedens und der Toleranz, mit dem Voltaire den Kampf gegen die Dunkelmänner seiner Zeit einleitete. Ein Voltairianer unseres Jahrhunderts, Heinrich Mann, wurde nicht zuletzt durch die *Henriade* zu seinem Roman über den «guten König» angeregt.

Seit der *Henriade* begann auch Voltaires oft schwer durchschaubarer, riskanter Kampf mit der französischen Zensur. Ebenso wie in der in Rouen hergestellten *Henriade* als Erscheinungsort Genf genannt wurde, kamen später noch viele Werke Voltaires mit fingierten Angaben über Verlagsorte und Verleger, unter einem Pseudonym oder anonym heraus. Durch Vermittlung von Druckern, Händlern und Agenten, die zuweilen noch mehr Zivilcourage aufbrachten als der Verfasser, fanden diese Erzeugnisse schließlich ihren Weg zum Leser.

In der gleichen Zeit, als Voltaire mit Hilfe seines Faktotums und Freundes Thiériot für die diskrete Verbreitung der *Henriade* beim Pariser Literaturpublikum sorgte, erkrankte er schwer. Der physisch Schwächliche, der oft gar zu rastlos zwischen Schreibtisch, Salon und Café hin und her hetzte, war schon in jungen Jahren ein Hypochonder, der vor wirklichen und eingebildeten Krankheiten Angst hatte. Zeitlebens machten Voltaire nervöse Erschöpfungszustände, Darmkoliken, fieberhafte Erkältungen und Schwindelanfälle zu schaffen. Schon in jungen Jahren war er ein eifriger Konsument von Pillen und Medizinen. In seinem Arbeitszimmer standen zahllose Fläschchen mit den verschiedensten Tinkturen umher, die er oft ziemlich wahllos und leichtfertig ausprobierte.

In den Jahren 1723 und 1724 war Voltaire jedoch kein «eingebildeter Kranker» wie die Titelgestalt des Stückes von Molière, sondern monatelang ernsthaft krank. Er wurde ein Opfer der Pockenepidemie, die in Paris und Umgebung grassierte und etwa dem dritten Teil der Einwohner der Hauptstadt das Leben kostete. Voltaire kam nach einer Gewaltkur, bei der er in wenigen Tagen dreihundert Becher heilkräftiger Limonade trinken mußte, noch einmal davon. Jedoch, er war lange Zeit so geschwächt, daß in seinen Briefen häufig Geständnisse wiederkehren wie etwa: *Die Feder fällt mir aus der Hand. Ich bin so krank, daß ich nicht weiterschreiben kann.*

Ausgerechnet in den Monaten nach seiner schweren Erkrankung mußte Voltaire viele Besuche erledigen, um seine Stellung bei Hofe zu behaupten und neue Aufführungen seiner Dramen durchzusetzen. Hatte er es früher verstanden, mit Hilfe seiner adligen Freunde vom Louis-le-Grand Karriere zu machen, so hatte er jetzt eine neue Fürsprecherin, die Marquise de Prie. Als Favoritin des allmächtigen Premierministers, des Herzogs von Bourbon, hatte sie in Versailles den größten Einfluß. Ludwig XV., der erst dreizehnjährige König, überließ seinem Verwandten und dessen kluger Mätresse das Staatsruder. Er ließ sich zwei Jahre später auch ohne Widerstand von den beiden an Maria Leszczynska, die Tochter des Königs Stanislaus I. von Polen, verheiraten. Madame de Prie brachte ihren Schützling mit der neuen Königin zusammen. Voltaire las ihr seine neuen Stücke *Mariamne* und *Der Indiskrete* vor und konnte Thiériot die Mitteilung machen: *Sie hat über Mariamne geweint. Sie hat gelächelt, als sie den Indiskreten hörte. Sie spricht oft mit mir. Sie nennt mich «mein armer Voltaire».*[23]

Der «arme Voltaire», der damals gar nicht mehr so arm war, erreichte es durch seine Vorlesungen und Komplimente, daß Königin Maria ihm ein Jahrgeld von 1500 Livres bewilligte. Auch die Pension des Königs in Höhe von 2000 Livres wurde verlängert. Bei der Hochzeit Ludwigs XV. mit Maria im September 1725 wurden gleich drei Stücke von Voltaire vor der Hofgesellschaft aufgeführt. Es war eine paradoxe Situation: der Verfasser der *Henriade*, die ohne Erlaubnis des königlichen Zensurbüros von couragierten Buchhändlern heimlich vertrieben wurde, führte zugleich ein recht auskömmliches Dasein als Hofpoet des jungen Königspaars. Es schien so, als sei Voltaire auf dem besten Wege, poeta laureatus des Königs von Frankreich zu werden.

Da traten Ereignisse ein, die diese Karriere jäh beendeten. Sie begannen wie ein schlechtes Schauspiel mit einer Szene in der Pariser Oper. Der Chevalier de Rohan, Sproß einer der führenden Familien Frankreichs, rief Voltaire vor mehreren Zeugen in provozierendem Ton zu: «Monsieur de Voltaire, Monsieur Arouet – wie heißen Sie eigentlich?» – Voltaire soll erwidert haben: *Ich schleppe keinen großen Namen hinter mir her; aber ich mache dem Namen Ehre, den ich trage.*

Ein paar Tage später wiederholte sich der Wortwechsel in der Comédie Française im Beisein der bekannten Schauspielerin Adrienne

Lecouvreur, die mit Voltaire gut befreundet war. Schon wollten die beiden Opponenten mit Stock und Degen aufeinander losgehen. Da hatte die Lecouvreur den Einfall, eine Ohnmacht vorzutäuschen, und der Streit fand zunächst ein Ende. Der Chevalier erklärte jedoch, er werde dieses Gespräch nur mit Stockprügeln fortsetzen.

Der als dünkelhaft und beschränkt geltende Sproß des Hauses Rohan hatte dem Sohn des Bourgeois Arouet wohl vor allem deshalb einen Denkzettel verpassen wollen, weil dieser fast nur noch unter dem selbstgewählten Adelsnamen Monsieur de Voltaire auftrat. Als Voltaire kurz darauf bei seinem Freunde, dem Herzog von Sully, zu Gast war, meldete ein Diener, er werde vor dem Palais von jemandem erwartet. Nichtsahnend ging Voltaire hinaus. Auf der Straße stürzten sich einige Diener Rohans mit Stöcken auf ihn los und verabfolgten ihm eine Tracht Prügel. Der Chevalier leitete die Aktion persönlich und rief seinen Lakaien höhnisch zu: «Schlagt nicht auf den Kopf, denn aus dem kann noch etwas Gutes herauskommen!» – Voltaire eilte in das Palais zurück und bat den Herzog um seinen Beistand. Aber Sully lehnte es ab, sich in den Streit einzumischen.

In den nächsten Wochen sollte Voltaire die Erfahrung machen, daß keiner seiner adligen Freunde bereit war, ihn zu unterstützen. Rohan war unbeliebt; aber er war ein Standesgenosse, und die Aristokraten hielten in diesem Falle gegen den Bourgeois zusammen. Von einem seiner hochgeborenen Bekannten, dem Bischof de Caumartin, bekam Voltaire halb ernst, halb scherzhaft zu hören: «Was sollte aus uns anderen Edelleuten werden, wenn die Schriftsteller keine Rücken hätten?»

Voltaire geriet durch die Haltung seiner adligen Freunde noch mehr in Rage. Er wollte den Schimpf nicht auf sich sitzenlassen und forderte den Chevalier zum Duell. Bei vernünftiger Überlegung hätte er sich sagen müssen, daß für einen Angehörigen des in seinem Hauptzweig fürstlichen Hauses Rohan ein Mann namens François Arouet kein standesgemäßer Gegner, daß er nicht «satisfaktionsfähig» war. Aber Vernunft und Überlegung hatten den sonst so klar denkenden Intellektuellen, den Freund des Friedens und der Duldsamkeit, im Frühjahr 1726 völlig verlassen. Aufs äußerte gereizt und gekränkt übte sich der gerade von schwerer Krankheit Genesene im Fechten und sogar im Boxen. In allen Gesellschaften erzählte er von der ihm widerfahrenen Kränkung und von der Feigheit des Chevaliers, der jedes Duell ablehnte.

Schließlich schaltete sich die Polizei und auf Ersuchen der Familie Rohan auch der Premierminister, der Herzog von Bourbon, ein. Man befürchtete, daß Voltaire dem Chevalier, der infolge eines Unfalls ein halber Krüppel war, auflauern und ihn zum Zweikampf zwingen

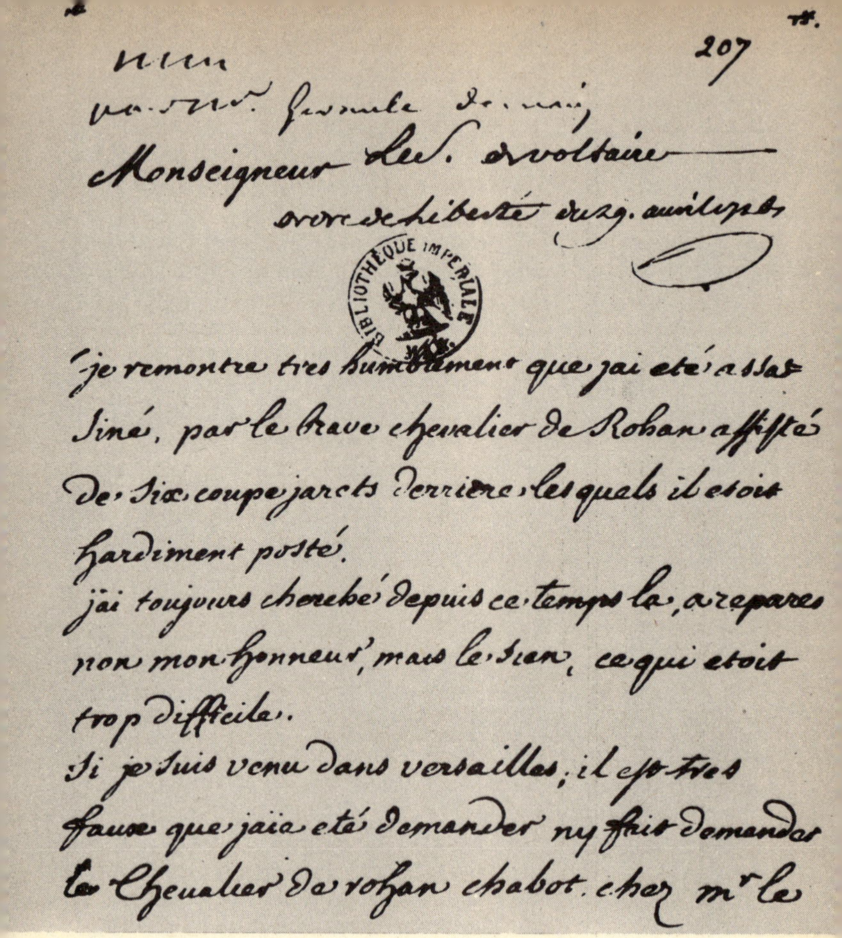
207

Monseigneur Le S. de voltaire

ordre de liberté du 29. avril



je remontre tres humblement que jai eté assassiné, par le brave chevalier de Rohan assisté de six coupe jarets derriere lesquels il etoit hardiment posté.

jai toujours cherché depuis ce temps la, a reparer non mon honneur, mais le sien, ce qui etoit trop difficile.

si je suis venu dans versailles, il est tres faux que jaie eté demander ny fait demander le Chevalier de rohan chabot chez mr le

*Voltaires Brief aus der Bastille, vom 20. April 1726*

werde. Die Rohans setzten es durch, daß der Hofdichter der königlichen Familie in die Bastille kam.

Zum zweitenmal saß Voltaire hinter den Mauern des Staatsgefängnisses und hatte nun mehr Zeit zum Nachdenken, als ihm lieb war. Nach den Erfahrungen der letzten Wochen verachtete er seine angeblichen Freunde aus aristokratischem Milieu, die ihn im Stich gelassen hatten. In der Bastille reifte sein Entschluß, in ein Land auszuwandern, das seiner Ansicht nach weniger von Standesvorurteilen beherrscht war als die Monarchie der Bourbonen. England hieß dieses Wunschland.

Bereits 48 Stunden nach seiner Einlieferung in die Bastille schrieb er an den für die Verwaltung des Staatsgefängnisses zuständigen Minister: *Sieur de Voltaire bringt ehrerbietigst zur Kenntnis, daß er von dem tapferen Chevalier de Rohan mörderisch überfallen wurde, wobei diesem sechs Banditen halfen, hinter denen er selbst kühn seinen Platz eingenommen hatte. Sieur de Voltaire hat seitdem beständig versucht, nicht seine, sondern die Ehre des Chevalier wiederherzustellen, was sich jedoch als allzu schwierig erwies. Er bittet um die Erlaubnis, bei dem Gouverneur der Bastille zu speisen und Gesellschaft empfangen zu dürfen. Noch eindringlicher bittet er, nach England reisen zu dürfen.*[24] – Selbst in diesem offiziellen Gesuch an den Minister machte Voltaire von dem Pseudonym Gebrauch, mit dem er gerade so schlechte Erfahrungen gemacht hatte.

Er hatte Glück. Die Behörden waren anscheinend froh, den Störer des öffentlichen Friedens, von dem noch manche Attacke gegen eine der führenden Familien des Landes zu erwarten war, auf so reibungslose Art loszuwerden. Das Gesuch von «Sieur de Voltaire» wurde sehr schnell positiv entschieden. Nach wenig mehr als zwei Wochen Internierung durfte er die Bastille verlassen. Der Kommandeur des Gefängnisses mußte ihn nach Calais begleiten, damit er nicht auf die Idee kam, nach Paris zurückzukehren.

Mit der etwas abrupten Überfahrt nach England endete die erste Periode in Voltaires Leben, seine Pariser Jugend. Kaum eine der Dichtungen, die er bis zu seinem 32. Jahr schrieb, hätte ihm über seine Zeit hinaus Beachtung gesichert. Die lyrischen und satirischen Poeme, die Schauspiele und auch die von dem Autor und den Zeitgenossen so hochgeschätzte *Henriade* interessieren heute höchstens noch die wenigen Spezialisten, die die Literatur des Rokoko untersuchen. Paul Sakmann charakterisiert denn auch den Voltaire der ersten Periode als «Menschen des Rokoko mit allen Eigenschaften dieses Stils: graziös – elegant – charmant – vollendeter guter Ton der feinsten Gesellschaft, die die Welt je gesehen – etwas leicht und seicht freilich, wo er sich an Großes – für ihn zu Großes – wagt. Das Leichte und Seichte», so fährt der Forscher fort, der zusammen mit dem alten David Friedrich Strauß in Deutschland am meisten für die Propagierung der Ideen Voltaires getan hat, «weicht mehr und mehr dem Ernst, mit dem er in einem zweiten Zeitabschnitt von 1726 bis 1752 sich des ganzen Rüstzeugs der Bildung seiner Zeit bemächtigt. Will man ein Bild von dem, was ‹Aufklärung› bedeutet, so denke man sich Voltaire von den englischen Jahren an.»[25]

*Blick auf London, vom Greenwich Park her*

## ZWISCHEN LONDON UND CIREY

England und Frankreich sind die Ursprungsländer jener Bewegung, die unter dem auch von anderen Völkern übernommenen deutschen Begriff «Aufklärung» in die Geschichte eingegangen ist und bis heute fortwirkt. Als Voltaire 1726 den Fuß auf englischen Boden setzte, waren die Engländer den Franzosen und überhaupt allen Europäern auf dem Gebiet der Aufklärung ein gutes Stück voraus. Schon der junge Voltaire und seine Gesinnungsfreunde in der Temple-Runde, in den Pariser Cafés und Salons nahmen sich die englischen «freethinkers» [die «Freidenker»] zum Vorbild. Sie fühlten sich als «esprits forts», also als «starke Geister», nach unseren heutigen Begriffen als «Freigeister». Wer sich im damaligen Paris «esprit fort» oder «Philosoph» nannte, gab zu erkennen, daß er den herrschenden Auffassungen in der Religion, Philosophie und zum Teil auch in der Politik zumindest kritisch, vielleicht sogar feindselig gegenüberstand.

Im Jahr nach Voltaires Ankunft in England starb Sir Isaac Newton, der zusammen mit Francis Bacon und John Locke die Säkularisierung, die Befreiung des abendländischen Denkens von der Vormundschaft der Kirche, eingeleitet hatte. Newton war nach Darlegung der mathematischen und mechanischen Gesetze des Weltalls zu dem

Schluß gekommen, daß der Kosmos sehr wohl ohne unmittelbares Eingreifen Gottes funktionieren könnte. Locke wandte Newtons Theorien der exakten und empirischen Erforschung der Natur auf die Geisteswissenschaften an. Der Philosoph des «common sense», des «gesunden Menschenverstandes», leugnete zwar nicht die Existenz Gottes und göttlicher Gesetze. Aber er vertrat die für seine Zeit revolutionäre, nach Ansicht kirchlicher Kreise verwerfliche Auffassung, daß nicht die Dogmen und die «Offenbarung», sondern Vernunft und Erfahrung, insbesondere die durch die Sinne gewonnene Erfahrung, letzte Instanz für den kritischen Denker seien. Falls die Dogmen der Kirche mit den Grundsätzen der empirisch-sensualistischen Philosophie übereinstimmten, so sei dies nur ein Beweis mehr, daß die Menschen ihre von Gott gegebene Vernunft richtig angewandt hätten; andernfalls seien die Dogmen und Doktrinen der Theologen und Priester abzulehnen.

Die englischen Deisten Shaftesbury, Tindal und Toland gingen noch weiter. Sie behaupteten, Gott greife nach dem Schöpfungsakt nicht mehr in den Lauf der Welt ein. Auf politischem Gebiet gab

*Der Londoner Hafen. Anonymer Kupferstich*

*John Locke. Kupferstich von J. C. Sysang nach G. Kneller*

Locke in seiner Theorie vom Staatsvertrag dem Volk das Recht, den mit seinem Regenten eingegangenen Vertrag von Zeit zu Zeit zu revidieren und durch selbstgewählte Organe wie das Parlament Einfluß auf die Staatsführung zu nehmen. Jedem Menschen stehe ein natürliches Recht auf Leben, Freiheit und Besitz zu. In seinen vieldiskutierten «Briefen über die Duldung» begründete Locke einen der wesentlichsten Grundsätze der Aufklärung: die Toleranz; der Staat solle gleichgültig und duldsam gegenüber allen religiösen Anschauungen seiner Bürger sein, soweit diese nicht Wohl und Existenz des Staates gefährdeten. Diese Ideen Lockes stellten einen direkten Angriff auf die in den meisten Staaten des Abendlandes herrschende absolute Monarchie und auch auf den politisch einflußreichen Klerus dar, der die Monarchen als «von Gott eingesetzt» unterstützte.

In Frankreich, das besonders stark unter dem Einfluß eines meist sehr konservativen Adels und einer ähnlich denkenden Beamtenschaft und Geistlichkeit stand, war Kritik an den bestehenden Zuständen höchstens in indirekter Form möglich. Eine der mutigsten indirekten Attacken gegen die Mißstände der französischen Monarchie waren die 1721 anonym erschienenen «Persischen Briefe» gewesen. Ihr Verfasser war der adlige Parlamentsrat de Montesquieu. Er ließ in den «Briefen» zwei Perser am Papst, an den Eroberungskriegen Ludwigs XIV. und an der Verfolgung der Protestanten in Frankreich Kritik üben. Auch Voltaire versuchte in seiner *Henriade* die Idee der religiösen Toleranz zu propagieren, indem er auf das Vorbild Heinrich IV. hinwies. Aber selbst diese recht zahme indirekte Kritik ließ die französische Zensur nicht passieren. Zu einem direkten und klaren Verfechter der Idee der Toleranz und Humanität im Sinne der Aufklärung sollte Voltaire jedoch erst in England heranreifen.

Zunächst fand der frisch aus der Bastille entlassene Emigrant aus Paris kaum Zeit zu literarischer Betätigung. Ihm widerfuhr das Malheur, daß sein Bankier Konkurs machte, so daß er in London kein bares Geld zur Verfügung hatte. Auf die Pensionen, die Ludwig XV. und die Königin Voltaire bewilligt hatten, konnte der von der Justiz Ausgewiesene nicht rechnen. Erst nach Monaten gelang es seinem Faktotum Thiériot, in Frankreich Geld flüssig zu machen. In der Zwischenzeit mußte Voltaire bei englischen Gönnern Darlehen aufnehmen.

Auch in England besaß der an Beziehungen reiche, gewandte Gesellschaftsmensch Freunde. Schon von Frankreich her kannte er den früheren Gesandten des englischen Königs in Paris, Lord Stair, ferner einen reichen Handelsherrn namens Everard Falkener und vor allem den auch in der Literatur aktiven ehemaligen englischen Außen- und Kriegsminister Lord Bolingbroke. Diese Männer und ein anderer Mäzen der Literatur, Lord Peterborough, halfen Voltaire über die erste prekäre Zeit hinweg und nahmen ihn in ihren Schlössern auf.

Auch von offizieller französischer Seite wurde dem Hofdichter des Königspaares unerwartete Unterstützung zuteil. Die Pariser Regierung hatte zwar der einflußreichen Sippe der Rohans den Gefallen getan, den Beleidiger ihrer Familienehre aus Frankreich zu entfernen. Aber sie hatte auch kein Interesse daran, daß der von Rachegelüsten erfüllte Literat von englischem Boden aus antifranzösische Satiren und Pamphlete losließ. Es ist ein Zeichen für das Ansehen, das der junge Autor damals schon genoß, daß der französische Außenminister de Morville sich persönlich in den «Fall Voltaire» einschaltete. Er bat den englischen Gesandten in Paris, dafür zu sorgen, daß «Monsieur de Voltaire» in England in jeder Form, nicht zuletzt durch Subskription seiner Bücher, unterstützt werde.

So kam es, daß Voltaire schon sehr bald nach seiner Ankunft nicht nur von literaturfreundlichen Privatleuten, sondern auch vom Premierminister und am königlichen Hof empfangen wurde. Durch Lord Bolingbroke und die anderen Bekannten Voltaires erfuhren die Londoner, daß der Gast aus Paris nicht nur ein amüsanter Plauderer und Verfasser witziger Poeme und erfolgreicher Dramen sei; er habe auch in der Bastille gesessen und einen skandalösen Zusammenstoß mit einem Mitglied der Familie Rohan gehabt. Dies genügte, um die englische Gesellschaft auf Voltaire neugierig zu machen. Sehr bald konnte er sich vor Einladungen kaum retten. Damit es mit der Konversation besser klappte, lernte Voltaire in aller Eile so viel Englisch, daß er bald sogar die Briefe an seinen Freund Thiériot in der Sprache seines Gastlandes abfaßte.

Etliche Monate nach seinem Eintreffen in London leistete er sich allerdings einen Streich, der schlimme Folgen hätte haben können. Trotz aller gesellschaftlichen Anerkennung in England konnte Voltaire nicht die Beleidigung vergessen, die der Chevalier de Rohan ihm angetan hatte. In einem Brief an Thiériot berichtete er über die mysteriöse Angelegenheit: *Ich muß Ihnen das Geständnis machen, daß ich kürzlich eine kleine Reise nach Paris unternommen habe. Aus dem Umstand, daß ich Sie nicht gesehen habe, können Sie leicht entnehmen, daß ich überhaupt niemanden gesehen habe. Ich habe nur nach einem Menschen gesucht, der sich dauernd mit dem Instinkt seiner Feigheit vor mir verbarg, als ahne er, daß ich seinen Spuren folgte. Schließlich hat die Befürchtung, entdeckt zu werden, mich noch überstürzter abreisen lassen, als ich angekommen war.* Voltaire fügt hinzu, er wolle *sein Leben mit Ehre aufs Spiel setzen,* falls ihm dies irgend möglich sei. Aus den weiteren Bekenntnissen dieses Briefes geht hervor, daß sich der scheinbar so wohlgelaunte Plauderer der Londoner Salons in einem Zustand des Zweifels und der Depression befand: *Ich bin noch sehr unsicher, ob ich mich in London niederlassen werde. Ich weiß, daß dies ein Land ist, in dem die Künste geehrt und belohnt werden. In diesem Lande denkt man frei und vornehm, ohne durch knechtische Furcht gehemmt zu sein. Wenn es nach meiner Neigung ginge, würde ich hierbleiben, allein schon, um denken zu lernen. Aber ich weiß nicht, ob mein geringfügiges, durch so viele Reisen in Unordnung geratenes Vermögen, meine schlechte, mehr denn je zerrüttete Gesundheit und meine Vorliebe für ein zurückgezogenes Leben mir erlauben werden, mich in den Trubel von Whitehall und London zu stürzen.*[26]

Das war die andere Seite des Gesellschaftsmenschen Voltaire. Die gedrückte Stimmung, an der er in jenem ersten englischen Herbst litt, wurde durch die Nachricht aus Paris verstärkt, daß seine Schwester im Alter von vierzig Jahren gestorben war. Voltaire hat Catherine stets mehr geliebt als den Bruder Armand, der ihm besonders nach den Streitigkeiten um das Erbe des Vaters geradezu verhaßt war. Er übertrug die Sympathie für die Schwester auf deren älteste Tochter Marie-Louise, die die Gefährtin seines Alters werden sollte.

Um seine berufliche Stellung in England zu festigen, mußte Voltaire gesellschaftlichen Pflichten mehr Zeit opfern, als ihm lieb war. *Ich bin der Höfe überdrüssig,* stöhnte er in einem Brief an Thiériot. *Alles, was sich König nennt oder zu einem König gehört, schreckt vor meiner republikanischen Philosophie zurück. Hier im Lande der Freiheit werde ich mir auch nicht den geringsten Anflug von Sklaverei zuschulden kommen lassen.*[27] Schon nach kaum einem halben Jahr England fühlte sich der Hofpoet des Königs von Frankreich als Vertreter einer *republikanischen Philosophie.* Sein häufiger Aufenthalt in dem Zentrum republikanischen Denkens und Politisierens, im Londoner Regierungsviertel um Westminster und Whitehall, trug die ersten Früchte. Mit Staunen sah Voltaire, wie die Parlamentarier von Westminster, aber auch Londoner aus allen Ständen auf den Straßen der Stadt und in den Debattierklubs ohne Furcht über politische und religiöse Fragen diskutierten.

Der französische Bürgerssohn, der mit den Adligen seines Landes so schlechte Erfahrungen gemacht hatte, erlebte zum erstenmal ein Land, in dem nicht nur die Adligen, Geistlichen und reichen Bürger, sondern auch die Kleinbürger, Bauern und Arbeiter gesetzlich festgelegte Rechte und Freiheiten hatten. In dem wichtigsten Dokument seines Londoner Aufenthalts, den *Philosophischen Briefen* stellte Voltaire fest: *Ein Mensch ist dort von der Entrichtung gewisser Steuern nicht darum befreit, weil er Adliger oder Priester ist. Alle Steuern werden vom House of Commons festgesetzt, das im Rang nur an zweiter, aber seinem Einfluß nach an erster Stelle steht. Ist die Bill von den Lords und vom König bestätigt, so zahlt jedermann. Den Bauern drückt nicht der Holzschuh; er ißt Weißbrot, trägt gute Kleidung und schreckt nicht davor zurück, die Zahl seiner Haustiere zu vergrößern oder sein Dach mit Ziegeln zu decken, weil man ihn vielleicht im nächsten Jahr daraufhin mit höheren Steuern belasten könnte.*[28] Daß viele Bauern *auf ihrem Grund und Boden als freie Männer leben,* konstatierte der Sohn eines Landes, in dem die Bauern und Arbeiter ein gedrücktes, menschenunwürdiges Dasein führten, voller Staunen.

Er sah alles Englische manchmal in gar zu rosigem Licht. *Den besten Dichter Englands und gegenwärtig der ganzen Welt*[29] nannte er zum Beispiel in einem Brief an Thiériot Alexander Pope, den alles in allem recht mittelmäßigen Verfasser des komischen Heldengedichts «Der Lockenraub». Mit dem verkrüppelten, dauernd kränkelnden

*Titelbild der illustrierten Quartausgabe der «Henriade». London, 1741. Stich von L. Sorgue nach J. de Troy, 1723*

Poeten verstand sich der selbst unter dem Londoner Klima leidende Hypochonder aus Paris besonders gut. Weniger angetan war er von der Begegnung mit William Congreve. Der «englische Molière» gab sich sehr aristokratisch und versnobt, bezeichnete seine Lustspiele als dilettantische Produkte müßiger Stunden und erklärte dem von der Literatur besessenen Besucher aus Paris: «Ich bin kein Schriftsteller, ich bin ein Gentleman.» – Viel engere Kontakte ergaben sich bei Voltaires Treffen mit dem irischen Satiriker Jonathan Swift, der 1727 ein halbes Jahr in England verbrachte. Der *Micromégas* und andere mit bitterem Sarkasmus getränkte Werke Voltaires sind nicht ohne die Anregungen denkbar, die er bei seinen Gesprächen mit dem geistesverwandten Autor der «Reisen Gullivers» empfing.

Am meisten bedauerte es Voltaire, daß er nicht mehr mit Sir Isaac Newton sprechen konnte. Der Wegbereiter der modernen Naturwissenschaft und empirischen Philosophie war bei Voltaires Ankunft in England schon schwerkrank und starb im Frühjahr 1727. Ein unvergeßlicher Eindruck war für Voltaire das Begräbnis, dem er beiwohnte. Er sah, wie Newtons Sarg von sechs Herzögen und sechs Grafen, unter denen sich der Lordkanzler befand, zur Westminster Abbey getragen wurde. Daß einem Mann allein wegen seiner geistigen Leistung eine solche Ehrung zuteil wurde, erschien dem in einem Milieu voller Standesvorurteile aufgewachsenen Pariser Bürgerssohn wie die Ankündigung eines neuen Zeitalters.

Konnte er nicht auch, so fragte sich Voltaire, bei der englischen Oberschicht Anerkennung und Genugtuung für das Unrecht finden, das man ihm in seinem Heimatland angetan hatte? Trotz seiner Vorurteile gegen den Hof begann sich Voltaire nach Überwindung seiner Depressionen wieder intensiver um die Gunst der Kreise um den König zu bemühen. Vor allem wollte er endlich eine Protektion und Druckgenehmigung für die *Henriade* durchsetzen, die in Frankreich nicht zu erlangen war.

Mit Unterstützung des englischen Königs Georg II. und seiner literaturfreundlichen Gemahlin Caroline gelang es Voltaire nach längeren Bemühungen, eine Neuauflage der *Henriade* in England zu erreichen. Das protestantische Herrscherpaar förderte nur zu gern das Buch eines französischen Katholiken, in dem der Papst und seine intoleranten Gefolgsleute nicht gerade gut wegkamen. Die Königin gestattete Voltaire, daß er ihr das Epos widmete. So gab es, wie der Autor befriedigt feststellte, *eine ungeheure Subskription.* Auf der Liste der Subskribenten standen fast alle Mitglieder des Hofes und Hochadels. Nach einer aufwendigen Quartausgabe, die den für damalige Verhältnisse enormen Preis von 60 Shilling kostete, erschienen billigere Editionen der *Henriade,* die schnell vergriffen waren. In kurzer Zeit verdiente Voltaire an dem Epos etwa 150 000 Livres, also rund eine dreiviertel Million Mark. Voltaire hat später darauf hingewiesen, daß die überraschend hohen Einnahmen aus den englischen Ausgaben der *Henriade* den Grundstein seines späteren Wohlstandes bildeten.

Voltaire hat sich in England also zugleich finanziell saniert und das geistige Rüstzeug als führender Autor der europäischen Aufklärung erworben. In dem in englischer Sprache veröffentlichten *Essay über epische Poesie* legte er ein Bekenntnis ab, das sicher nicht die französische Zensur passiert hätte: *Freiheit des Gedankens macht das Leben der Seele aus. Es ist ein großes Unglück, daß es so wenige französische Nachahmer unserer Nachbarn, der Engländer, gibt. Wir sind bereits gezwungen worden, die Erkenntnisse ihrer physikalischen Wissenschaft zu übernehmen, unsere Schiffe nach ihren Plänen zu bauen. Wann aber werden wir ihre edle Freiheit nachahmen, die darin besteht, dem Geist jeden Aufschwung und Flug zu erlauben, dessen er fähig ist?* [30] – Er sammelte in England die Erkenntnisse, die er später in den *Philosophischen Briefen* niederlegte. Mit Hilfe seiner englischen Freunde, insbesondere des früheren Ministers Bolingbroke, trug er auch das Material für sein erstes großes historisches Werk, die Lebensgeschichte des Schwedenkönigs Karl XII., zusammen.

Im übrigen ist, wie René Pomeau bemerkt, über die englischen Jahre Voltaires nicht allzuviel bekannt. «Es scheint», so äußert der Voltaire-Editor, «daß es ihm in London ebensowenig wie in Versailles gelungen ist, zu offiziellen Ehren zu gelangen. Er verließ England zerstritten mit seinem Protektor Lord Peterborough. Für die englischen politischen Kreise hat er keine Vorliebe behalten.»[31] So sehr Voltaire das politische System in England schätzte, so wenig verstand er sich anscheinend auf die Dauer mit den kühlen, reservierten Repräsentanten dieses Systems. Den englischen Aristokraten gingen wohl die Redseligkeit und Empfindlichkeit des Gastes auf die Nerven. Vermutlich kam es auch zu ausgesprochenem Mißtrauen auf beiden Seiten. Die Engländer hielten Voltaire vielleicht sogar für einen Agenten des neuen französischen Premierministers, des Kardinals de Fleury. Wie René Pomeau andeutet, steht fest, daß Voltaire sich um die Gunst dieses Staatsmannes bemühte, der eine anglophile Politik betrieb. Da Voltaire gelegentlich auch politischen Ehrgeiz hatte und nach über zwei Jahren Exil in sein Heimatland zurückkehren wollte, ist es leicht möglich, daß er seine in der Politik aktiven Londoner Freunde im Auftrag des Kabinetts Fleury ein wenig auszuhorchen versuchte. Ähnliche Aufträge der französischen Regierung bemühte er sich später auch am Hofe seines preußischen Freundes König Friedrich II. auszuführen.

Die französischen Behörden hatten jedenfalls nichts dagegen einzuwenden, daß Voltaire nach Frankreich zurückkehrte. Es ist eigenartig, daß man weder aus der großen Korrespondenz Voltaires noch aus anderen Urkunden den genauen Zeitpunkt seiner Rückkehr feststellen kann. Irgendwann zwischen dem Oktober 1728 und dem Februar 1729 muß er von London nach dem bei Paris gelegenen Städtchen Saint-Germain-en-Laye übergesiedelt sein.

Erst mehrere Monate später erhielt der Exilierte die Erlaubnis, sich in der Hauptstadt niederzulassen. Der in England zu Vermögen Gelangte protzte in keiner Weise mit seinem Reichtum. Er nahm sich eine recht ärmliche Wohnung in der Rue Traversière-Saint-Honoré, die er auch in den folgenden Jahren als dauerndes Absteigequartier in Paris beibehielt.

Nach jahrelangem Prozessieren mit seinem Bruder Armand war ihm ein ansehnliches väterliches Erbteil zugefallen. Er wollte dieses Erbe und die in England erworbenen Honorare für die *Henriade* durch geschickte Anlage nach Möglichkeit vermehren. Besonders in den Jahren nach seiner Rückkehr aus London war der Geschäftsmann Voltaire ebenso aktiv wie der Literat. Es gibt kaum einen zweiten Schriftsteller, in dessen Leben und Korrespondenz Geldgeschäfte aller Art eine so große Rolle spielen wie bei Voltaire. Manche Biographen gehen über diese materielle Seite vornehm hinweg, aber sie läßt sich nun einmal nicht verschweigen. Nicolardot, Donvez und andere Autoren haben ganze Bücher über die schwer durchschaubaren Geschäfte und Spekulationen des «Voltaire financier» geschrieben. Denn begreiflicherweise ließ sich Voltaire, der in London, dem Zentrum der damaligen Finanzwelt, viel hinzugelernt hatte, nur andeutungsweise über die Methoden aus, die er zur Vermehrung seines Vermögens anwandte. Er beteiligte sich an Kornaufkäufen, Seefahrtsunternehmen, Aktienspekulationen und sogar an Lieferungen für die Armee.

Sein verwegenster finanzieller Coup gelang ihm nicht lange nach seiner Rückkehr aus England. Es war ein Lotteriegewinn ungewöhnlicher Art. Bei einem Diner erklärte der Mathematiker Charles Marie de La Condamine die Maßnahmen, die der neue Generalkontrolleur der Staatslotterie, Lepelletier, zur Reform dieser Institution unternommen hatte. Voltaire hörte sehr genau zu und errechnete sodann, daß ein sicherer Gewinn von einer Million Livres für den heraussprang, der sämtliche Lose der Lotterie aufkaufte. Voltaire besaß allein nicht soviel Bargeld, aber er fand ein paar Teilnehmer für das außergewöhnliche Geschäft. Lepelletier war entsetzt, als ihm alle Lose auf einmal zur Einlösung vorgelegt wurden. Er weigerte sich zunächst zu zahlen. Aber die Behörden zwangen ihn dazu, die Million herauszurücken, da bei der staatlich konzessionierten Lotterie das

Ansehen der Regierung auf dem Spiel stand. Voltaire gewann den Löwenanteil, eine runde halbe Million Livres. Ganz Paris amüsierte sich über den Generalkontrolleur, der die Lotterie so schlecht organisiert hatte. Voltaire verschwand nach dem tollkühnen Streich aus Paris, weil er die Rache Lepelletiers und des Finanzministers befürchten mußte. Erst als er hörte, der Kontrolleur sei abgesetzt worden, kehrte der Lotterie- und Literaturmillionär in die Hauptstadt zurück.

Trotz des starken Interesses, das Voltaire zeitlebens für Geldgeschäfte hatte, läßt sich nicht sagen, er sei ein kaltherziger Geldraffer und Geizkragen gewesen. Bis in sein spätes Alter hinein hat er Bedürftige unterstützt und große Summen an Verwandte, notleidende Berufskollegen und Freunde wie den stets in Geldschwierigkeiten befindlichen Thiériot verschenkt. Die erheblichen Einnahmen aus seinen Theaterstücken überließ er fast immer den Schauspielern.

Geld war für Voltaire vor allem deshalb wertvoll, weil es ihm die Möglichkeit gab, unabhängig von finanziellen Rücksichten die Dramen und Bücher zu schreiben, die ihm am Herzen lagen. *Das Los eines Literaten und die zweifelhafte Ehre, eine Pariser Berühmtheit zu sein,* so begründete Voltaire seine Einstellung zu materiellen Gütern, *hat als Kehrseite gar zu viele Verdrießlichkeiten. In diesem Stand, der keinen Rang hat, muß man Demütigungen einstecken von seiten derer, die etwas haben und etwas sind, und wird ein Opfer des Neides derer, die nichts haben und nichts sind. Um mich für diese üblen Begleiterscheinungen der Schriftstellerei schadlos zu halten, habe ich mir vorgenommen, ein großes Vermögen zu machen, wie das Pack sich ausdrückt. Ich habe mir viel Geld und Gut erworben, Ruhe und Freiheit.*[32]

Der Literat Voltaire hatte in den Jahren nach dem englischen Exil zunächst weniger Glück als der Geldmann. Eine Tragödie aus dem republikanischen Rom, *Brutus,* erlebte nur wenige Aufführungen, und der Autor mußte sich von Kritikern den Vorwurf des Plagiats gefallen lassen. Den Menschen Voltaire berührte ein anderes Ereignis aus der Theaterwelt tiefer als der Mißerfolg des *Brutus.* Adrienne Lecouvreur, die bedeutendste Darstellerin tragischer Rollen an der Comédie Française, starb unerwartet an einem Märztage des Jahres 1730. Wenige Tage zuvor war sie noch als Jokaste in Voltaires *Ödipus* aufgetreten. Die Schauspielerin, die ihm zugleich als Freundin und Interpretin seiner Stücke nahestand, verschied in den Armen Voltaires an einer qualvollen Entzündung der Unterleibsorgane.

Immer noch galten in Frankreich jene mittelalterlichen Gesetze, die «Komödianten» und «fahrendem Volk» ein ehrliches Begräbnis versagten. Voltaire konnte es nicht verhindern, daß die vom Hof und von der Pariser Bevölkerung so oft gefeierte und applaudierte Tra-

*Adrienne Lecouvreur. Zeitgenössischer Stich*

gödin zu nächtlicher Stunde auf einem unbebauten Feld am Stadtrand verscharrt wurde. In einem Requiem, den *Versen auf den Tod von Mademoiselle Lecouvreur*, wandte Voltaire sich gegen *die grausamen Männer, die derjenigen das Begräbnis verweigerten, der man in Griechenland Altäre errichtet hätte.* Das war ein klarer Angriff gegen die intoleranten Vertreter der Kirche, die die Bestattung der Schauspielerin auf dem Schindanger veranlaßt hatten. Das Gedicht schloß mit der vorwurfsvollen Frage: *Warum ist mein Land nicht mehr das Vaterland des Ruhms und der Talente?* [33]

Mit diesem Poem erregte der Verfasser der *Henriade* erneut die

Aufmerksamkeit des Klerus und der Zensur. Voltaire ließ das Gedicht zwar zunächst nicht im Druck erscheinen. Aber Thiériot las das Requiem seines Herrn und Meisters in Cafés und Salons vor, und sehr bald kursierten Abschriften des Gedichts. Noch mehr Schwierigkeiten gab es mit der *Geschichte Karls XII.*, die Voltaire gleich nach seiner Rückkehr aus London fertiggestellt hatte. Er hatte nicht damit gerechnet, daß die Zensur an dem Manuskript Anstoß nehmen könnte. In der Biographie des Schwedenkönigs wurden weder Angelegenheiten des französischen Staates noch der Kirche direkt berührt. Trotzdem mußte der Autor es erleben, daß die zunächst gewährte Druckerlaubnis zurückgezogen wurde. In dem Buch kam nämlich der Gegner Karls XII., König August der Starke, nicht gut weg. Die Zensur glaubte auf die sächsisch-polnische Regierung Rücksicht nehmen zu müssen. Voltaire entschloß sich kurze Zeit nach der Rückkehr aus dem Exil zu einer Maßnahme, die ihm leicht erneut zu Bastille und Verbannung verhelfen konnte: ähnlich wie die *Henriade* ließ er das Buch über den Schwedenkönig heimlich in Rouen drucken und nach Paris einschmuggeln.

Er hatte das Glück, daß die Zensoren nach kurzer Zeit ihre Bedenken aufgaben, und so konnten ohne Risiko für Autor und Verleger Neuauflagen herausgebracht werden. Allein zu Lebzeiten Voltaires erschienen mehr als sechzig Ausgaben des Buches, und auch heute findet die recht spannend geschriebene, psychologisch fundierte Biographie viele Liebhaber. Da Voltaire recht kritisch die Angaben von Zeitgenossen und Männern auswertete, die Karl XII. persönlich kannten, ist seine Charakteristik des eigenwilligen Schwedenkönigs im ganzen immer noch zutreffend: *Er steigerte alle Heldentugenden bis zu einem Grade, daß sie ebenso gefährlich wurden wie die entgegengesetzten Laster. Seine Festigkeit wurde zum Starrsinn. Seine Freigebigkeit ging in Verschwendung über und ruinierte Schweden. Sein Mut steigerte sich zur Verwegenheit und wurde Ursache seines Todes. Sein Gerechtigkeitssinn verleitete ihn bisweilen zur Grausamkeit, und in den letzten Jahren näherte sich seine Regierung der Tyrannei. Seine großen Eigenschaften gereichten seinem Lande zum Unglück. Seine Leidenschaft für den Ruhm, den Krieg und die Rache hinderte ihn daran, ein guter Politiker zu sein.*[34]

Als Voltaire sich dann später von der Kriegsgeschichte der Darstellung der Ideen und Kulturerrungenschaften zuwandte, distanzierte er sich in einem Brief an einen Kriegsgegner Karls XII., den Marschall Johann Matthias Graf von der Schulenburg, noch schärfer von der martialischen Hauptfigur seines ersten Geschichtswerks: *Wäre Peter der Große weniger grausam und Karl XII. weniger starrsinnig gewesen, so hätte dies mehr zum Glück der Menschen beige-*

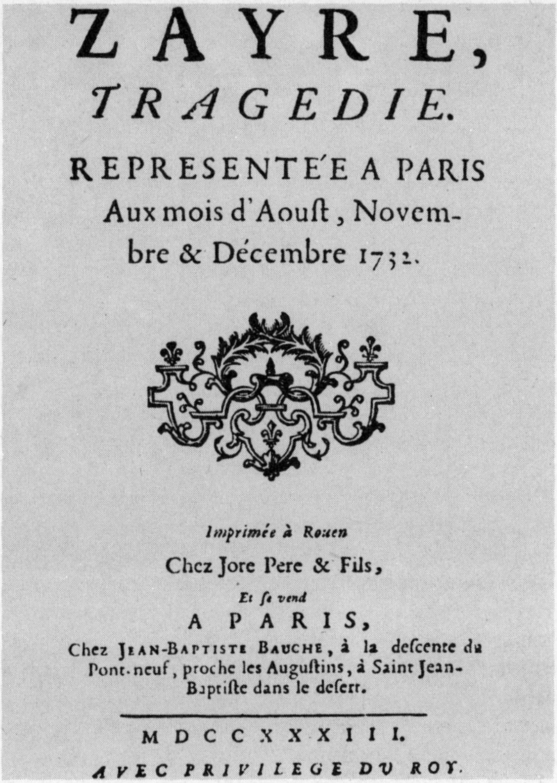

ZAYRE,
TRAGEDIE.
REPRESENTE'E A PARIS
Aux mois d'Aouſt, Novem-
bre & Décembre 1732.

Imprimée à Rouen
Chez Jore Pere & Fils,
Et ſe vend
A PARIS,
Chez JEAN-BAPTISTE BAUCHE, à la deſcente du
Pont-neuf, proche les Auguſtins, à Saint Jean-
Baptiſte dans le deſert.

MDCCXXXIII.
AVEC PRIVILEGE DU ROY.

*Titelblatt der Erstausgabe der «Zaïre», 1733*

*tragen. Ich ziehe diesen beiden unbedingt einen Fürsten vor, der die Menschlichkeit als die erste der Tugenden ansieht, der sich nur durch Zwang zu einem Krieg herbeiläßt, der den Frieden liebt, weil er die Menschen liebt, der die Künste ermutigt und sie auch versteht, mit einem Wort: einen Philosophen auf dem Thron. Haben Sie, Herr Marschall, nicht schon oft darüber nachgedacht, daß Ihr glorreicher Beruf, mag er auch notwendig sein, ein abscheulicher ist?* [35]

Die fünf Jahre nach der Rückkehr aus London zwischen 1729 und 1734 wurden trotz aller Ablenkung durch gesellschaftliche Verpflichtungen und Geldgeschäfte eine der fruchtbarsten Perioden in Voltaires Leben. Damals entstanden neben der Biographie Karls XII. die *Philosophischen Briefe,* die ersten Partien des *Jahrhunderts Lud-*

*wigs XIV., Der Tempel des Geschmacks,* ein satirisches Poem über einige heute vergessene Literaturkollegen Voltaires, ferner mehrere Dramen und Operntexte, kleine Gedichte und Aufsätze. Die hektische Arbeitswut und das turbulente Pariser Leben stürzten ihn häufig in gesundheitliche Krisen. Fieberanfälle, Koliken, Magenverstimmungen, Neuralgien wechselten miteinander ab. Voltaires Taschen waren stets prall gefüllt mit Pillenschachteln und Medizinfläschchen. Die Freunde konstatierten besorgt, daß er «häßlich wie der Tod und mager wie die Sünde» aussah, wie der sterbende Greis Lusignan aus der Tragödie *Zaïre,* die er in 25 Tagen aufs Papier warf.

In dem blutrünstigen Trauerspiel, das im Jerusalem der Kreuzfahrerzeit spielt, tötet der Sultan, ein orientalischer Othello, aus Eifersucht die von ihm geliebte Christensklavin Zaïre und folgt ihr dann in den Tod. Das in einer schwungvoll pathetischen, gestelzten Sprache abgefaßte Drama war lange eines der meistgespielten Stücke der französischen Bühne. «*Zaïre* war der größte Theatererfolg der Zeit», resümierte Jean Orieux aus der Sicht unseres Jahrhunderts. «Voltaire wird von nun an Corneille und Racine gleichgestellt. Er war 38 Jahre alt. Er wurde der große Mann seiner Zeit mit Tragödien, die unsere Zeit nicht lesen und kaum auf der Bühne sehen kann. Eine merkwürdige Verkehrung der Werte! Nichtsdestoweniger bleibt er der große Mann, weil er auch anderes als diese ‹erhabenen› Tragödien geschrieben hat.»[36]

Der achtunddreißigjährige Autor des Erfolgsstückes fühlte sich damals physisch so erschöpft, daß er glaubte, er werde nicht länger leben als seine Schwester, die mit vierzig Jahren gestorben war. Vor seinem Tode wollte er noch das Buch herausbringen, das ihm ebenso am Herzen lag wie seine Schauspiele, weil er darin seinen Landsleuten und der regierenden Schicht einige Wahrheiten zu sagen hatte: die *Philosophischen Briefe.* Mit einer Druckerlaubnis der Zensurbehörde konnte er in diesem Fall noch weniger rechnen als bei seinen früheren Büchern. So ließ er die Briefe wiederum in aller Heimlichkeit drucken und durch beherzte Buchhändler und Agenten in den Cafés der Literaten vertreiben. Die angeblichen Berichte über England in der Form *Philosophischer Briefe* enthielten Sprengstoff, geschickt verpackte Konterbande. Indem Voltaire die Verhältnisse in England als vorbildlich hinstellte, übte er indirekte Kritik an den Zuständen in der französischen Monarchie. *Das englische Volk,* so hieß es in dem *Brief über das Parlament, ist das einzige auf der Erde, das dahin gelangt ist, durch seinen Widerstand die königliche Gewalt zu regeln. Es hat sich eine weise Regierungsform gegeben, wo der Fürst alle Macht besitzt, Gutes zu tun, während er verhindert wird, Übeltaten zu begehen. Die Adligen sind groß, ohne sich Über-*

*griffe zu erlauben und ohne Vasallen zu haben. Das Volk ist an der Regierung beteiligt, ohne daß es deshalb zu Unordnung käme. Es hat allerdings etwas gekostet, die Freiheit in England zu begründen. Ströme von Blut sind geflossen, in denen das Götzenbild des Despotismus ersäuft wurde. Aber die Engländer glauben ihre Freiheit nicht zu teuer erkauft zu haben. Die anderen Nationen haben nicht weniger Blut vergossen; aber das Blut, das sie für die Sache der Freiheit geopfert haben, hat ihre Knechtschaft nur noch mehr befestigt.*[37]

Der französische Klerus bekam in dem *Brief über die anglikanische Religion* zu hören: *Das, was man einen Abbé nennt, ist in England eine unbekannte Menschengattung. Wenn die Engländer erfahren, daß in Frankreich junge, durch ihre Ausschweifungen bekannte Leute durch Weiberintrigen zu Prälatenämtern kommen, öffentlich die Liebe praktizieren, galante Verse schreiben, dauernd üppige Soupers veranstalten und sich trotzdem Nachfolger der Apostel nennen – dann danken die Engländer Gott, daß sie Protestanten sind. Doch das sind elende Ketzer, wert, bei allen Teufeln zu schmoren, wie Meister Rabelais sagt; darum will ich auch nichts mit ihnen zu tun haben.*[38]

Es ist klar, daß solche Auslassungen die Anhänger der absoluten Monarchie und die Kirchentreuen gegen den Autor aufbringen mußten. Die Reaktion der Behörden ließ nicht lange auf sich warten. Der Drucker kam in die Bastille, und das Buch wurde als «anstößig, der Religion, den guten Sitten und der Achtung gegen die Obrigkeit zuwiderlaufend» vom Henker verbrannt. Gegen den Verfasser des mit dem fingierten Druckort Amsterdam erschienenen Buches, der sich *M. de V.* nannte, erging ein Haftbefehl. Daß sich hinter der Abkürzung *M. de V. Monsieur de Voltaire* verbarg, war für die Behörden ebensowenig ein Geheimnis wie für die Leser des illegal vertriebenen Buches. Aber Voltaire hatte eine Warnung erhalten und war bereits ein paar Tage vor Erlaß des Haftbefehls aus Paris verschwunden.

Ohne die Vorwarnung und Protektion seiner Freunde in den Behörden wäre Voltaire nicht nur im Jahre des Erscheinens der *Philosophischen Briefe*, 1734, sondern auch in der folgenden Zeit mehrmals in der Bastille gelandet. Wenn es um die Publikation seiner Schriften ging, zeigte dieser überempfindliche, kränkliche Mann einen schwer begreifbaren Mut. Viel Opferbereitschaft und Zivilcourage bewiesen auch immer wieder die Drucker und Verleger seiner Bücher, die Buchhändler und Agenten, die in den Cafés und Salons diese literarische Konterbande vertrieben.

Die Erfahrungen, die Schriftsteller und Verleger in den Diktaturen und totalitären Staatssystemen unseres Jahrhunderts machten,

# ARREST
# DE LA COUR
# DU PARLEMENT,

QUI ordonne qu'un Livre, intitulé: *Lettres philoſophiques, par M. de V.... à Amſterdam, chez E. Lucas au Livre d'Or. MDCCXXXIV.* contenant vingt-cinq Lettres ſur differents ſujets, ſera laceré & brûlé par l'Executeur de la Haute-Juſtice.

## *EXTRAIT DES REGISTRES DU PARLEMENT.*

CE JOUR, les Gens du Roy ſont entrez, & Maître Pierre Gilbert de Voiſins, Avocat dudit Seigneur Roy, portant la parole, ont dit:

Que le Livre qu'ils apportent à la Cour leur a paru exiger l'animadverſion publique, qu'il ne ſe répand que trop, & qu'on ſçait aſſez combien il eſt propre à inſpirer le libertinage le plus dangereux pour la Religion & pour l'ordre de la Societé civile: Que c'eſt ce qui les a porté à prendre les Concluſions ſur leſquelles ils attendent qu'il plaiſe à la Cour faire droit.

Eux retirez:

Vû le Livre intitulé: *Lettres Philoſophiques par M. de V....*

*Urteil des französischen Parlaments über Beschlagnahme und Verbrennung der «Philosophischen Briefe»* haben unseren Blick für die Situation Voltaires geschärft. Er lebte immerhin in einem Land, in dem es noch die Folter und fünf verschiedene Arten der Todesstrafe für relativ geringfügige Delikte gab: das Verbrennen auf dem Scheiterhaufen, die Vierteilung, das Rädern, Henken und Köpfen. Ein Mann, der den Behörden verdächtig erschien oder einer einflußreichen Person lästig war, konnte durch einen der berüchtigten «lettres de cachet», einen ziemlich leicht erhältlichen Haftbefehl, ohne jedes Gerichtsverfahren seiner Freiheit beraubt werden. Er verschwand auf unbegrenzte Zeit in einem Gefängnis und wartete oft vergeblich auf ein Gerichtsverfahren. Voltaire hatte diese Erfahrung selbst als junger Mann gemacht und elf lange Monate der Ungewißheit in der Bastille zubringen müssen. Gewiß, es gab viele tolerante, freiheitlich denkende Zeitgenossen, besonders im Geisteszentrum Paris. Aber die Zahl der Intoleranten, der fanatischen Verfechter der absoluten Autorität des Staates und der Kirche war mindestens ebensogroß. Von ihnen mußte Voltaire stets das Schlimmste befürchten. Zuverlässig überliefert ist jene Äußerung des Sekretärs des Staatssiegelbewahrers Henri-François d'Aguesseau, der seinem Herrn den Rat gab: «Monseigneur, man sollte Voltaire irgendwo einsperren, wo er nie Papier, Feder und Tinte in die Hand bekommt. Er ist staatsgefährlich.»[39]

Dem «staatsgefährlichen» Autor war nach dem Erscheinen der *Philosophischen Briefe* das Pariser Pflaster zu heiß geworden. Er hatte auch noch einen privaten Grund, die Hauptstadt zu verlassen. Er wollte endlich seiner neuen Geliebten, der Marquise du Châtelet, nahe sein, die in Cirey an der lothringischen Grenze ein Landgut besaß. Während des hektischen Sommers 1733, in dem Voltaire mit seiner temperamentgeladenen, dahinfliegenden Handschrift zahllose Manuskriptseiten füllte, hatte er sogar noch Zeit gefunden, sich zu verlieben. Und es läßt sich ohne Übertreibung sagen, daß Emilie du Châtelet die einzige große Liebe im Leben eines Mannes war, der sonst erotischen Passionen mit der kühlen Distanz und Ironie des Intellektuellen gegenüberstand. Bereits 38 Jahre war er bei dem ersten Treffen mit der elf Jahre jüngeren Marquise, der er bei einem Souper mit Freunden zufällig begegnete. Sechzehn Jahre lang, bis zum frühen Tode Emilies, währte das Verhältnis, das in der französischen Literatur einen ähnlichen Ruf hat wie bei uns die Liebe zwischen Goethe und Charlotte von Stein.

Ebenso wie Goethes Freundin war Emilie verheiratet, die ungewöhnliche Frau eines recht gewöhnlichen, braven Mannes. Sie hatte mit achtzehn Jahren den Marquis Florent Claude du Châtelet-Lomont geheiratet, einen lothringischen Adligen, der Generalleutnant in der Armee war. Es war eine Konventionsehe, wie die meisten Heiraten beim Adel jener Zeit. Nachdem die Marquise ihrem Gatten einen Sohn und eine Tochter geschenkt hatte, waren die konventionellen Pflichten erfüllt. Die Marquise und ihr Mann lebten gleichgültig und wohlerzogen, wie es der Kodex der Gesellschaft vorschrieb, nebeneinander her. Der Marquis widmete sich seinen Hauptleidenschaften, dem Militär und der Jagd. Die mehr geistigen Passionen seiner Frau duldete er kopfschüttelnd, und ebenso großzügig verzieh er ihr die Liebhaber, mit denen sie sich gelegentlich über die Langeweile des Ehelebens zu trösten versuchte. Auch mit Voltaires hochgeborenem Freund vom Louis-le-Grand, dem als Kriegs- und Frauenheld in gleicher Weise bekannten Herzog von Richelieu, hatte sie ein Verhältnis. Aber eine «femme galante», wie andere gelangweilte Aristokratinnen, war Emilie nur ganz nebenher. In weit stärkerem Maße hatte sie das Talent zur «femme savante», zur «gelehrten Frau». Jedoch ihre Gelehrsamkeit war unbedingt ernster zu nehmen als die der «femmes savantes» in Molières gleichnamigem Lustspiel. Ihre besondere Neigung galt neben der Literatur der Mathematik und Physik. Sie schrieb fundierte Abhandlungen über physikalische Fragen, wie den «Traktat über die Natur des Feuers». Der Mathematiker Pierre de Maupertuis, der spätere Präsident der Berliner Akademie der Wissenschaften, war ihr Lehrer und hielt die Marquise für seine begabteste Schülerin. Voltaire hat der fast beängstigenden Vielseitigkeit seiner Freundin in einem Poem gehuldigt:

*Alles gefällt und ziemt ihrem umfassenden Genie:*
*die Bücher, die Schmuckstücke, die Kompasse, die Pompons,*
*die Verse, die Diamanten, das Biribi, die Optik,*
*die Algebra, die Soupers, das Latein, die Jupons,*
*die Oper, die Prozesse, der Ball und die Physik.*[40]

Er verschweigt darin auch nicht die weiblichen Schwächen der Marquise wie etwa ihre Vorliebe für Schmuck und auffallende Garderobe mit *Pompons* und *Jupons,* also bunten Ziertroddeln und Unterröcken. Noch mehr brachte Emilie die Finanzen des Hauses Châtelet durch ihre Passion für das damals in Hofkreisen beliebte Glücksspiel *Biribi*, eine Art Roulette, in Unordnung. Und war die «schöne Emilie», wie einige Zeitgenossen sie nennen, wirklich eine Schönheit? Eine liebliche, pikante Grazie des Rokoko, wie sie Boucher oder Fragonard auf ihren Gemälden darstellten, war sie sicher nicht. Auf den Porträts sieht man eine imposante, schwarzhaarige Frau mit großer Nase, energischem Kinn und starken Brauen über grünblauen Augen. Ihr Gesicht verrät mehr Geist und Willenskraft als sanfte Passivität.

*Marquise Emilie du Châtelet. Stich von Petit nach M.-A. Soir*

*Herzog von Richelieu.*
*Lithographie von Fr. Séraphin Delpech nach Maurin*

Diese ungewöhnliche Frau, der maskuline Züge nicht fehlen, wurde für anderthalb Jahrzehnte Gefährtin des berühmtesten und – vom Standpunkt der Behörde her – berüchtigtsten Vertreters des französischen Esprit. Man muß es dem Marquis du Châtelet, der gewiß kein geistiger Mensch war, hoch anrechnen, daß er dem so oft von Zensur und Justiz Verfolgten auf seinem Schloß in der Champagne fünfzehn Jahre lang Obdach und Zuflucht gewährte. Cirey hatte für einen Mann, der mehr als einmal mit seiner Verhaftung rechnen mußte, einen unschätzbaren Vorteil. Es lag nahe der Landesgrenze. Holland und die Fürstentümer des Deutschen Reiches konnte Voltaire in wenigen Stunden erreichen. Nicht zuletzt die Furcht vor der Bastille hat den Erzpariser Voltaire veranlaßt, fast die Hälfte seines Lebens auf in Grenznähe gelegenen Schlössern wie Cirey und Ferney zu verbringen. In den Jahren zwischen 1734 und 1749, in denen das Gut der Châtelets Voltaires Domizil war, hielt er sich zwar manchmal monatelang in Paris und im Ausland auf, insbesondere in Holland, wo mehrere seiner Schriften gedruckt wurden. Aber die weitaus meiste Zeit verbrachte er auf dem Schlößchen Cirey, das auf den heutigen Besucher den Eindruck einer heiteren, geruhsamen Idylle macht.

Voltaire lebte dort jedoch sehr oft in Unruhe, sozusagen auf dem Sprung, mit gepackten Koffern. In den Briefen an Pariser Freunde liest man Stoßseufzer wie: *Was für ein furchtbares Leben! Ewig von der Furcht geplagt zu sein, daß man auf die geringste Anzeige hin, ohne jeden Prozeß, die Freiheit verlieren kann! Der Tod wäre mir lieber. Ich bin ganz ausgelaugt von Müdigkeit, niedergedrückt von Kummer und Krankheit.*[41]

Im Sommer 1734, als Voltaire so unauffällig wie möglich auf das Landgut seiner Freundin übersiedelte, mußte er jeden Tag damit rechnen, verhaftet zu werden. Emilie begleitete ihn nicht. Sie blieb in Paris, um ihre einflußreichen Bekannten am Hofe und in den Behörden zu einer Intervention für den Verfasser der *Philosophischen Briefe* zu bewegen. An den Mathematiker de La Condamine schrieb der aus Paris Vertriebene: *Man glaubt, daß ein Franzose, dem die Quäker gefallen, der die Partei von Locke ergreift und Pascals Ge-*

*Schloß Cirey*

*danken wenig überzeugend findet, ein Atheist sei. Bemerken Sie denn nicht, daß in meinem ganzen Buch die Existenz eines Gottes, von der ich in Wahrheit sehr überzeugt bin, ganz klar zugelassen wird? Sie bekommen Madame du Châtelet bald zu sehen. Sie erweist Freundesdienste mit demselben Leben und Feuer, mit dem sie Sprachen und Geometrie lernt. Der Hof ist ihrer nicht sehr würdig; er müßte Hofmänner haben, die wie Sie dächten. Bitte sagen Sie ihr, in welchem Grade ich von ihrer Güte gerührt bin.*[42]

Die Marquise konnte zwar nicht eine förmliche Aufhebung des Haftbefehls für den Autor der *Philosophischen Briefe* durchsetzen. Aber sie erreichte es anscheinend, daß die Behörden den Fall Voltaire nicht weiterverfolgten. Unter der Regierung eines sehr jugendlichen Königs, der sich um die Staatsgeschäfte wenig kümmerte, arbeiteten die Beamten lässig und dilatorisch. Viele waren insgeheim der gleichen Ansicht wie die Verfasser der Schriften, die sie von Amts wegen verfolgen sollten. «Die Regierung blieb willkürlich und geheim», urteilt der Historiker Charles Seignobos über die Zustände unter Ludwig XV. «Alles Gedruckte unterstand der Überprüfung, die meisten politischen Schriften der Zeit wurden verboten. Doch kam die Staatsgewalt, der es an Leitung gebrach, nur in zusammenhangloser Weise zur Geltung. Unterdrückungsmaßnahmen, militärische Operationen, Entscheidungen über Krieg und Frieden, Gesetze, selbst die Wahl der Minister, alles hing von irgendwelchen Zufällen ab. Sehr groß war der Einfluß der Frauen.»[43] – Auch Voltaire verdankte die relativ große Freiheit, die er in den folgenden Jahren genoß, nicht zuletzt dem «Einfluß von Frauen». Emilie du Châtelet verstand es immer wieder geschickt, ihre Beziehungen zugunsten ihres Freundes einzusetzen. Später hatte Voltaire dann in der Marquise de Pompadour, der politisch einflußreichen, geistig interessierten Mätresse Ludwigs XV., eine Protektorin, die ihn vor mancher Belästigung durch die Behörden schützte.

Emilie und ihr neuer Gast auf Cirey gingen zunächst daran, das ziemlich verwahrloste Landschloß nach ihrem Geschmack einzurichten. Im Laufe der Jahre hat Voltaire großzügig Zehntausende von Livres für die Einrichtung seiner Zimmer und die der Marquise ausgegeben. Den Châtelets fehlte es wegen der kostspieligen Passionen Emilies fast immer an Geld für Cirey. Der Hausfreund aus dem Bereich der Literatur ließ nach und nach Tausende von Büchern nach Cirey kommen. Der Büchermensch Voltaire paßte sich den Neigungen seiner Freundin an und finanzierte den Bau einer Galerie, in der sie gemeinsam physikalische Experimente durchführten. Sie gingen dabei von den Erkenntnissen Newtons aus, dessen Schriften Emilie ins Französische übersetzte.

Voltaire gab große Summen für den Luxus aus, den beide so schätzten: für Vasen aus feinstem Porzellan, silbernes Tafelgeschirr, zierliches Rokoko-Mobiliar und Tapeten aus karmesinrotem Samt. Unter den Gemälden befanden sich echte Watteaus und Veroneses. Eine Konzession an Voltaires permanente Scheu vor Kälte und Nässe waren einige voluminöse Öfen. Der Liebe, die beide verband, spendete Voltaire der Mode der Zeit entsprechend Tribut, indem er eine Statue des Liebesgottes Amor mit der Inschrift aufstellen ließ: *Wer du auch seist, dies ist dein Herr; er ist's, er war's oder er sollte es sein.*

Auf Cirey entdeckte Voltaire in sich die Passion für das ländliche Leben, für die Anlage von Gärten. In Briefen an eine Pariser Bekannte, die Comtesse de la Neuville, entschuldigte er sich für seine Schreibfaulheit: *Terrassen, Schuppen, Gitter, lange Alleen haben mich des Vergnügens beraubt, Ihnen, Madame, den Hof zu machen. Urteilen Sie selbst – wie sollte ich umgeben von Maurern und Schutthaufen zu anderem Zeit finden!* [44]

So wurde Cirey allmählich zu jener mit allen Bequemlichkeiten ausgestatteten Idylle, in der Voltaire in Ruhe neue Werke schreiben konnte. Der Autor der *Philosophischen Briefe,* der immer noch mit Maßnahmen der Behörden rechnen mußte, legte es zunächst nicht darauf an, die Zensur zu provozieren. Er vollendete in der Abgeschiedenheit von Cirey die wenig schockierende Tragödie *Alzire,* die im fernen Peru zur Zeit der Eroberung durch die Spanier spielt. Nur vorsichtig wird die Intoleranz der christlichen Herren Südamerikas gegenüber den Indianern angedeutet. Der Dichter hatte im Augenblick kein Interesse an Protesten des Klerus gegen sein Drama. Das Schauspiel um die Indianerprinzessin Alzire faszinierte vor allem wegen seines exotisch-amerikanischen Milieus das Publikum. Es ging mit viel Applaus häufig über die Bühne und brachte Voltaire in kurzer Zeit 53 000 Livres ein. Er schenkte die beachtliche Summe den Darstellern des Stücks. Dies war nicht nur ein Akt der Großzügigkeit, sondern zugleich eine Demonstration. Voltaire wollte zeigen, daß er ein Freund und Mäzen der vom Adel und Klerus nicht sehr hoch geachteten «Komödianten» war. Nach dem Erfolg von *Alzire* kehrte Voltaire für ein paar Monate nach Paris zurück, denn im Augenblick schien für den gefeierten Dramatiker keine Gefahr zu bestehen.

Kaum ein halbes Jahr später sah die Situation schon wieder recht bedenklich aus. Schuld daran war ein nur wenige Seiten langes Poem *Der Weltmann,* von dem Voltaire einigen Freunden Abschriften übermittelt hatte. Einer von ihnen, der Bischof de Bussy, starb unerwartet. In seinem Nachlaß wurde das Manuskript entdeckt, und bald kamen die geistlichen und weltlichen Behörden dahinter, daß in den Pariser Salons zahlreiche Abschriften kursierten. Allein der Präsi-

*Voltaire. Kupferstich nach einem Gemälde von Quentin de La Tour*

dent Dupuy hatte an die dreihundert Kopien für seine Bekannten herstellen lassen. In dem Poem bekannte Voltaire als *Weltmann*: *Ich liebe den Luxus, ja selbst die Verweichlichung, alle Vergnügungen und Künste, die Sauberkeit, den guten Geschmack.*[45] – Den ersten Bewohnern des Paradieses, die er vertraulich mit *Mein lieber Adam* und *Madame Eva* anredete, warf er vor, sie hätten sich ungeniert völlig *nackt, mit langen Nägeln, schwarz und schmutzig, mit unordentlicher Frisur*[46] im Garten Eden getummelt.

Voltaire konnte sich vorstellen, daß geistliche Kreise an dieser Schilderung der angeblichen Urahnen der Menschheit Anstoß nehmen würden. Daher hatte er das Poem auch nicht drucken lassen. In Cirey, wo Voltaire inzwischen wieder wohnte, trafen Warnbriefe der Pariser Freunde ein. Man sehe in klerikalen Kreisen den *Weltmann* als eine Verhöhnung der biblischen Geschichte vom Paradies und als eine Blasphemie auf die kirchliche Lehre vom Stande der Unschuld der ersten Menschen an; mit Maßnahmen gegen den Autor sei zu rechnen.

Voltaire geriet in Unruhe, ja in Panikstimmung. An seinen in Regierungskreisen einflußreichen Freund d'Argental schrieb er, Madame du Châtelet sei zunächst sehr verwundert gewesen, daß *ein so harmloses Werk wie der Weltmann* einigen seiner Feinde *zum Vorwand von Anklagen gedient habe. Aber ihre Verwunderung*, so fuhr Voltaire fort, *hat sich in größte Bestürzung und lebhaften Schrecken verwandelt, als die Nachricht kam, daß man aus so geringfügigem Anlaß gegen mich vorgehen wolle. Sie wollte es nicht dulden, daß ich noch länger in einem Lande bleibe, wo ich unmenschlich behandelt werde.* Er sehe den Augenblick kommen, schreibt Voltaire weiter, wo er sich von der Frau, die er anbete, werde trennen müssen: *Ich würde dann in fremden Ländern leben, und zwar als Franzose, der immer sein Land achtet; dort werde ich frei sein.*[47]

Voltaire und die Marquise begaben sich unter falschem Namen nach Amsterdam. Dort waren sie nicht nur vor der französischen Polizei sicher. Voltaire konnte sich in Holland auch um die Drucklegung einer Schrift kümmern, die ihm und der Marquise besonders am Herzen lag: *Die Elemente der Philosophie Newtons.* An eine Publikation in Frankreich war zunächst nicht zu denken. Gegen die Veröffentlichung dieses Manuskripts hatten sich nicht kirchliche Kreise ausgesprochen, sondern die Wissenschaftler der Sorbonne. Sie fanden es unerhört, daß ein Schöngeist und Laie sich anmaßte, die Ideen des größten Physikers der Zeit darzulegen. Daß Voltaire dies gelungen war, bezeugte die wohlwollende Kritik der Zeitschriften. Das «Journal de Trévoux» schrieb, bisher sei das Werk Newtons im Kabinett weniger Wissenschaftler begraben gewesen als «ein Ge-

*Newton erklärt die Entstehung der Farben. Kupferstich von B. Rode*

heimnis, das man sich ins Ohr flüsterte. Monsieur de Voltaire erschien, und sofort wird Newton verstanden, oder ist auf dem Weg, verstanden zu werden. Ganz Paris hallt von Newton wider, ganz Paris studiert und lernt Newton!»[48] – Voltaire war mit den *Elementen*, wie man heute sagen würde, unter die «Sachbuchautoren» gegangen.

Er tat dies auch mit einem anderen Buch, an dem er jahrelang in der Zurückgezogenheit von Cirey immer wieder arbeitete. Seine Besucher wunderten sich zuweilen über die Hunderte von Chroniken und Memoiren aus der Zeit Ludwigs XIV., die sich in Voltaires Arbeitskabinett türmten. Die mehrbändige Darstellung der Epoche des Sonnenkönigs sollte allerdings erst 1751 erscheinen, als Voltaire bereits in Preußen lebte. Er ging bei diesem Buch besonders vorsichtig und langsam zu Werke, und zwar nicht nur wegen des umfangreichen Quellenmaterials, das er kritisch auswertete. Voltaire konnte sich denken, daß man in Hofkreisen nicht viel für eine Schilderung des Vorgängers des jetzigen Königs aus der Feder eines Mannes übrig hatte, der schon soviel unliebsames Aufsehen erregt hatte.

*Im übrigen lebe ich als Philosoph, studiere eifrig, sehe wenig Gäste* – so und ähnlich schrieb Voltaire an seine Pariser Freunde. Und oft sprach er mit einem etwas bitteren Unterton von seinem Leben als *Philosoph* auf dem Landschloß in der Champagne. Ein Zwiespalt, den man in Voltaires Leben immer wieder bemerkt, verleidete ihm manchmal die Idylle von Cirey. Es war der Konflikt zwischen dem Philosophen Voltaire, der in Ruhe und Zurückgezogenheit nur an seinen Manuskripten arbeiten wollte, und dem Weltmann Voltaire, der nur zu gern in Paris und am Hofe eine Rolle gespielt hätte. Aber gab es nicht auch noch andere Möglichkeiten als Cirey und Paris?

Seit 1736 stand Voltaire in regem Briefwechsel mit dem Kronprinzen von Preußen, der 1740 als Friedrich II. den Thron bestieg. Der Fürst, der für die schönen Künste, die Philosophie, vor allem aber für die französische Literatur eine Passion hatte, lud Voltaire mehr als einmal nach Berlin ein; und nach Preußen oder Holland zu emigrieren, war in den Jahren von Cirey ein Gedanke, der in Voltaires Korrespondenz häufig auftauchte. *Glauben Sie nur nicht, daß man nur in Frankreich leben kann,* schrieb er in solcher Stimmung seinem Schulfreund de Cideville. *Dieses Land ist nur für junge Weiber und Wollüstlinge geschaffen, es ist das Land der Madrigale und Pompons, jedoch anderswo trifft man Vernunft, Talente etc. an. Bayle konnte nur in einem freien Land leben; der Saft dieses zu seinem Glück verpflanzten Baumes wäre in seinem Geburtsland verdorrt.*[49]

Vor allem die Liebe zu Emilie hielt ihn davon ab, ins Ausland zu gehen, wie es Pierre Bayle, der Verfasser des «Kritischen Wörterbuchs», unter dem Regime Ludwigs XIV. getan hatte. Das zurückgezogene Leben in einem Landschloß im östlichsten Departement Frankreichs mißfiel ihm allerdings oft ebensosehr wie der Marquise, die sich nach den Salons von Paris sehnte. Aber Voltaire wußte auch, welche Schwierigkeiten ihm in der Hauptstadt und am königlichen Hof bevorstanden. Es war bekannt, daß Ludwig XV. ein leichtfertiges Leben an der Seite von Mätressen führte; aber ein toleranter Frei-

*Ludwig XV. Stich von Le Blon*

geist wie der verstorbene Regent Philipp von Orléans war er deshalb keineswegs. Der König, so charakterisiert Charles Seignobos den zwiespältigen Charakter des Monarchen, dessen Untertan Voltaire formaliter fast sechzig Jahre hindurch blieb, «war zwar nicht gläubig, doch von Furcht vor der Hölle geplagt; bisweilen kam eine Welle von Religiosität über ihn, die ihn geistlichen Einwirkungen gefügig machte. Die Königin und die ganze königliche Familie waren tiefreligiös und ließen sich von jesuitischen Beichtvätern beraten. Der religiöse Zwang war nicht aufgehoben; nach wie vor wurden Jansenisten und Protestanten hart bedrückt. Der Katholizismus blieb Staatsreligion. Worte und Schriften, die als Religionslästerung gedeutet wurden, unterlagen schwerer Bestrafung.»[50]

Wie leicht ein Schriftsteller in den Verdacht der «Religionslästerung» geraten konnte, sollte Voltaire nach der Aufführung seiner Tragödie *Mahomet* in Paris erfahren. Er hatte darin den Begründer des Islam recht einseitig als grausamen Fanatiker und Tyrannen dargestellt. Voltaire mochte gedacht haben, daß ein solcher Prophet der «Ungläubigen» auch den strengsten Anhängern der Staatskirche gefallen müßte. Er irrte sich. Am Tage nach der Premiere stellten einige Theologen und Abbés fest, der intrigante Dramatiker habe in seinem Schauspiel nicht Mahomet, sondern Jesus Christus als düsteren Fanatiker hinstellen wollen; sein Angriff richte sich gegen jede religiöse Überzeugung überhaupt, sowohl gegen die Gläubigen des Islam wie gegen die entschiedenen Bekenner des Christentums.

Voltaire beantwortete diese spitzfindige Unterstellung mit der Erklärung, er werde die beanstandete Tragödie bei nächster Gelegenheit dem Papst persönlich widmen. Und er machte sein Versprechen wahr. Der Brief an den Papst Benedikt XIV. gehört sicher zu den kuriosesten Dokumenten der Korrespondenz des Mannes, der zugleich einer der schärfsten Kritiker der Kirche war. *Heiliger Vater*, schrieb Voltaire in tadellosem Italienisch, *Eure Heiligkeit wird die Freiheit*

*Voltaires italienischer Brief an den Papst*

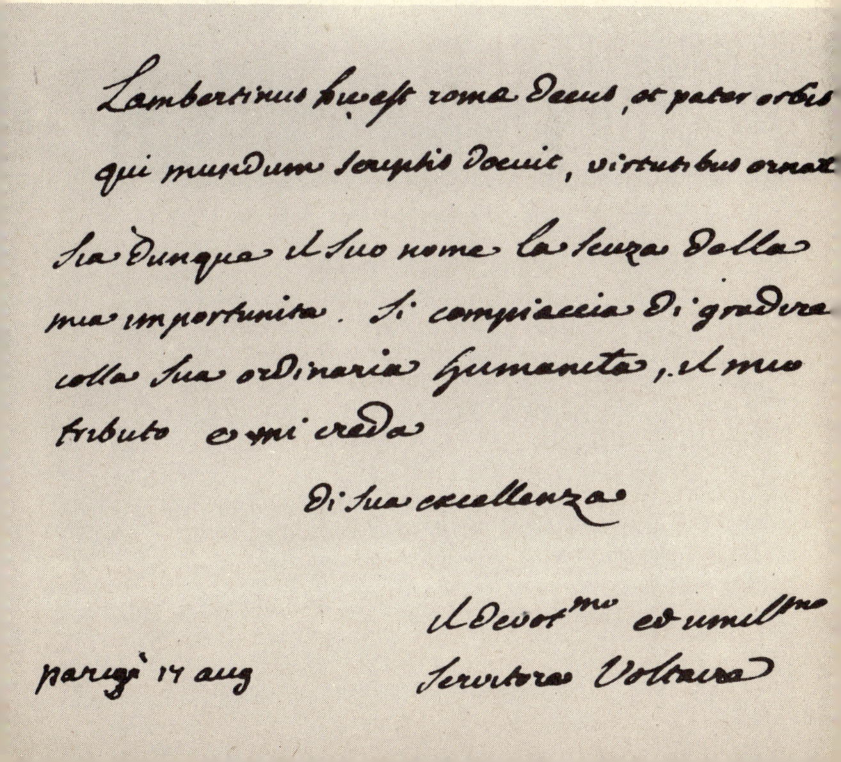
Lambertinus hic est romae decus, et pater orbis
qui mundum scriptis docuit, virtutibus ornat
Sia dunque il suo nome la scusa della
mia importunita. Si compiaccia di gradire
colla sua ordinaria humanita, il mio
tributo e mi creda
Di sua eccellenza
il Devot$^{mo}$ ed umil$^{mo}$
Servitore Voltaire
parigi 14 aug

*Festaufführung der «Prinzessin von Navarra». Stich von Nicolas Cochin*

*verzeihen, die sich einer der größten Bewunderer der Tugend herausnimmt, indem er dem Oberhaupt der wahren Religion eine Schrift gegen den Begründer einer falschen und barbarischen Sekte widmet.*[51]

Benedikt XIV. gehörte zu jenen Oberhäuptern der katholischen Kirche, über die Joseph Bernhart, der Historiker des Vatikans, urteilt: «Unter den Päpsten der Aufklärung ist kein Hildebrand, kein Innozenz III. Sie zerbrachen nicht, denn sie beugten sich wie Schilf. Ihre Weisheit war das Glück des Papsttums. Benedikt XIV., gelehrt wie keiner vor ihm, untadelig, heiter, geistvoll, suchte sein festes Ziel auf dem Wege der Weisheit, nicht der Gewalt. Friedrich dem Großen, dem Landesherrn über das katholische Schlesien, erkannte er den Königstitel zu, den ihm die Kurie zuvor verweigert hatte, und Voltaire dankte er liebenswürdig für die Widmung des *Mahomet*.»[52] In dem Dankbrief an «seinen geliebten Sohn» behauptete der Papst, er habe «die bewunderungswürdige Tragödie *Mahomet* mit großer Freude gelesen», und schloß: «Es bleibt Uns nur noch übrig, Ihnen Unsern Apostolischen Segen zu erteilen.»[53] Man mag darüber streiten, welcher der beiden Korrespondenten mehr Diplomat war, der höflichste aller Päpste, der als belesener Mann sehr genau über die sonstige literarische Aktivität des Verfassers des *Mahomet* unterrichtet war, oder Voltaire, der in einem Brief an seinen Vertrauten Thiériot die Weisheit verkündete: *Lügen ist nur ein Laster, wenn es Böses stiftet, dagegen eine sehr große Tugend, wenn dadurch Gutes bewirkt wird.*[54]

Die Annahme der mehr oder weniger aufrichtig gemeinten Zueignung des *Mahomet* durch den Papst bewirkte zunächst das Gute, daß Voltaires adlige Protektoren den bisher bei Hofe mit Mißtrauen betrachteten Autor der *Philosophischen Briefe* ohne Bedenken dem König empfehlen konnten. In Voltaires Leben begann eine etwa fünfjährige Periode, die ihm von seinen Kritikern noch mehr verübelt wurde als der Briefwechsel mit dem Papst: seine zugleich gloriose und dubiose Tätigkeit als Hofdichter und Historiograph Ludwigs XV. Den ersten interessanten Auftrag verschaffte ihm der Herzog von Richelieu, der es zum Ersten Kammerherrn des Königs gebracht hatte. Voltaire schrieb das Libretto zu einem Festspiel, das bei der Hochzeit des Dauphins mit der Infantin Maria Theresia von Spanien im Februar 1745 vor dem Hof mit großem Gepränge aufgeführt wurde. *Die Prinzessin von Navarra*, wie sich das höfisch-konventionelle Drama aus der französisch-spanischen Geschichte nannte, kostete den Autor fast ein Jahr mühseliger Arbeit. Denn er mußte den Text des mit viel Musik und Tanz angereicherten Festspiels auf Wunsch des eigenwilligen Komponisten Jean-Philippe Rameau mehrmals ändern, zudem vielfältige Wünsche der königlichen Familie und der Hofleute berücksichtigen. Jedoch die Mühe lohnte sich. Schon wenige Wochen nach der Aufführung wurde Voltaire zum Historiographen des Königs ernannt, ein Amt, das mit wenig Arbeit, jedoch einem Jahresgehalt von 2000 Livres verbunden war. In einem Spottgedicht, das er insgeheim anfertigte, kommentierte Voltaire etwas bitter diesen Erfolg der von ihm selbst nicht sehr hoch bewerteten *Prinzessin von Navarra*:

*Mein Heinrich nicht und nicht Zaire,*
*Nicht die Amerikanerin Alzire,*
*Keins hat vom König mir nur einen Blick gebracht.*

*Ich hatte wenig Ruhm und Feinde ganze Haufen,*
*Da ließ ein Possenspiel ich von dem Stapel laufen,*
*Und plötzlich war mein Glück gemacht.*[55]

Nicht lange nach der für Voltaire so ergiebigen Fürstenhochzeit mußte zugleich der Historiograph und Poet des Königs in Aktion treten. In dem langwierigen, immer wieder aufflammenden Krieg gegen England hatte die französische Armee am 11. Mai 1745 bei Fontenoy einen Sieg errungen. Da der König den militärischen Aktionen beigewohnt hatte, forderte der Außenminister d'Argenson seinen Schulkameraden vom Louis-le-Grand auf, so schnell wie möglich eine längere Ode zur Verherrlichung des Tages von Fontenoy zu schreiben. Voltaire ging schleunigst ans Werk, und schon sechs Tage nach der Schlacht erteilte die Zensur die Erlaubnis zur Veröffentlichung des *Gedichts von Fontenoy.* Noch nie hatte ein Werk Voltaires so schnell und reibungslos das Zensurbüro passiert. Der sonst allem Blutvergießen abholde Poet gab sich in martialischer Pose und entwarf ungerührt ein möglichst attraktives Bild des Schlachtgetümmels, in dem natürlich König Ludwig und seine Krieger die Haupthelden waren. *Franzosen, glückliche Krieger, süße und furchtbare Sieger*[56], rief der Schlachtendichter verzückt in dem Poem aus, das von Bearbeitung zu Bearbeitung umfangreicher wurde. *Mit der tiefsten Ehrfurcht eines Eurer geringsten Untertanen und glühendsten Bewunderers*[57] widmete Voltaire das Gedicht dem König.

Im Jahr darauf, 1746, wählte die Pariser Akademie, die bisher die Aufnahme des der Freidenkerei Verdächtigen abgelehnt hatte, den neuen Historiographen des Königs zum Mitglied. Schon Ende desselben Jahres wurde Voltaire eine weitere Ehrung zuteil, die im höfisch-monarchischen Zeitalter besonders viel galt. Er erhielt das Patent eines «Gentilhomme ordinaire de la Chambre du Roi», ein Rang, der etwa dem eines Kammerherrn an einem deutschen Fürstenhof entsprach. Endlich war der Bourgeois François-Marie Arouet zum Gentilhomme, zum Edelmann, aufgestiegen. Aber diese formelle Gleichstellung mit den Adligen von Geburt bedeutete noch nicht die Aufnahme in den erblichen Adel, und die Aristokraten von Geblüt dachten nicht daran, «Monsieur de Voltaire» als ihresgleichen anzusehen. Es waren diffizile Unterschiede, die in einer ständisch gegliederten Monarchie viel bedeuteten.

Die dreifache offizielle Ehrung versetzte Voltaire, der bei aller ironischen Selbstkritik von Eitelkeit und Ehrgeiz nicht frei war, zunächst in einen rauschhaften Zustand. Aber bald erkannte er die Nachteile der neuen Ehren. Sie vermehrten die Zahl seiner Neider, besonders unter den weniger vom Glück begünstigten Kollegen. In den Pariser

*Aufnahme eines Akademikers.*
*Kupferstich von Poilly nach einer Zeichnung von P. Delamonce, 1714*

*Jeanne Poisson, Marquise de Pompadour.*
*Stich von Saint-Aubin nach Nicolas Cochin, 1764*

Cafés kursierten sehr bald hämische Reden und Spottgedichte auf den neuen Günstling des Königs und seiner Mätresse, der Marquise de Pompadour. Voltaire genoß in der Tat die besondere Sympathie der geistreichen Favoritin Ludwigs, die sich gern von dem amüsanten Plauderer unterhalten ließ. Voltaire widmete ihr sogar eines seiner besten Schauspiele, die später von Goethe übertragene Tragödie *Tankred*.

Mit der Pompadour war Voltaire jedenfalls viel häufiger zusammen als mit ihrem königlichen Geliebten. Obwohl Voltaire sich sogar zu einer höfisch devoten Lobrede auf Ludwig XV. aufschwang, legte dieser keinen Wert auf die Gesellschaft seines neuen Kammerherrn. Es ist fraglich, ob der König je ein Werk des berühmtesten Schriftstellers Frankreichs genau gelesen hat. Dieser Herrscher eines Landes, dessen Sprache und Literatur in der gebildeten Welt des damaligen Europa den Ton angab, hatte selbst kaum Kontakt zu Dichtern und Gelehrten. Ihm war die Gesellschaft liebeswilliger Mätressen und geistig anspruchsloser Höflinge angenehmer als die Konversation mit Literaten, vor allem, wenn sie zu boshaftem Esprit neigten wie Monsieur de Voltaire.

Die Bemühungen um die Gunst des Hofes, gesellschaftliche Verpflichtungen und zeitraubende Geldgeschäfte hinderten Voltaire an der Vollendung größerer neuer Werke. Die Arbeit an dem *Jahrhundert Ludwigs XIV.* und an einer anderen historischen Studie, dem *Versuch über die Sitten,* kam sehr langsam voran. Daneben entstanden nur kürzere Aufsätze, Poeme und Dramen von geringerer Bedeutung. Mehr zu seiner Unterhaltung und zur Ergötzung einiger literaturfreundlicher Pariserinnen schrieb er seine ersten Romane und Erzählungen. Er ahnte nicht, daß *Zadig, Memnon* und die anderen schnell hingeworfenen Geschichten, die er der Mode gemäß in orientalischem Milieu spielen ließ, seine von den Zeitgenossen gerühmten Dramen, Epen und Gedichte überleben würden. Victor Klemperer weist darauf hin, daß der Roman und die Erzählung «im 18. Jahrhundert in der Schulmeinung weit unter Tragödie und epischer Versdichtung» rangierten. «Der Roman als literarische Ausdrucksform», bemerkt der Herausgeber der Romane Voltaires, «besaß seit seinem mittelalterlichen Neubeginn den Vorteil, von den Ästhetikern nicht für voll genommen zu werden. Der Vorteil solcher Nichtachtung bestand in einem Freibleiben von hemmenden Kunstregeln.»[58]

Noch ein weiterer Umstand hinderte Voltaire an konzentriertem Arbeiten: das Verhältnis zur Marquise du Châtelet wurde immer komplizierter. Von der sowohl physischen und geistigen Sympathie, die die beiden zu Anfang verbunden hatte, war nur noch die intellektuelle Gemeinschaft übriggeblieben. An erotischem Sichausleben oder gar an Ausschweifungen, denen manche seiner aristokratischen Freunde – wie etwa der Herzog von Richelieu – frönten, hatte Voltaire nie Gefallen gefunden; schon seine schwächliche Physis hinderte ihn daran. Im 18. Jahrhundert galt ein Vierziger als alter Mann. Nachdem Voltaire die Mitte der Vierzig überschritten hatte, bezeichnete er sich in seinen Briefen häufig als «Greis».

Emilie hat sich anscheinend jahrelang mit der «Sympathie der Seelen» begnügt. Erst 1748, also rund fünfzehn Jahre nach dem Beginn ihrer Beziehungen zu Voltaire, ließ sich die über Vierzigjährige in eine Liaison mit einem zehn Jahre Jüngeren ein. Jean François de Saint-Lambert, ein Gardeoffizier, besaß die Vorzüge, gut auszusehen und Sinn für Literatur zu haben. So gab sich Emilie mit ihm ohne Bedenken den Genüssen hin, die Voltaire ihr so lange vorenthalten hatte. Eines Abends kam es dann zu einer Szene, wie sie oft in galanten Romanen des Rokoko geschildert wird. Voltaire überraschte die Schloßherrin von Cirey und Monsieur de Saint-Lambert in einer Situation, bei der er sich als störender Dritter vorkam. Es gab einen heftigen Wortwechsel zwischen dem früheren und dem neuen Liebhaber der Marquise. Voltaire gebrauchte so beleidigende Worte, daß Saint-Lambert ihn fordern wollte. Emilie gelang es mit weiblicher Diplomatie, die Rivalen zu besänftigen. «Da Sie zugeben», so erklärte sie nach dem Zeugnis von Voltaires Kammerdiener Longchamp, «daß Sie für mein Wohlbefinden nichts ohne größten Schaden für Ihr eigenes tun können, haben Sie da ein Recht, zornig zu sein, weil einer Ihrer Freunde Ihre Stelle einnimmt?»[59] – Voltaire sah dies schließlich ein, und auch Saint-Lambert verzichtete auf Zureden der Marquise auf ein Duell.

In leidlicher Harmonie verbrachten Madame du Châtelet und ihre beiden Freunde die nächsten Monate, bis ein Ereignis eintrat, das alle befremdete. Emilie mußte feststellen, daß sie schwanger war. Nach den Auffassungen der Gesellschaft des Rokoko war es ein ebenso peinlicher wie lächerlicher Umstand, wenn eine Frau von über vierzig, die bereits erwachsene Kinder hatte, noch einmal Mutter wurde. Um allzuviel Aufsehen und Klatschereien zu vermeiden, brachte Emilie das Kind nicht in Paris und auch nicht auf ihrem Gut Cirey zur Welt, sondern in dem benachbarten Städtchen Lunéville. Wohlgelaunt meldete Voltaire seinem Pariser Freund d'Argental: *In der Nacht hatte Madame du Châtelet, während sie wie üblich an ihrem Newton kritzelte, ein seltsames Gefühl. Sie rief ihre Kammerjungfer, und diese hatte gerade noch Zeit, ihre Schürze aufzuhalten, um darin ein kleines Mädchen aufzufangen. Die Mutter legte ihre Papiere zusammen und ging zu Bett, und alle drei schlafen jetzt wie Siebenschläfer.*[60]

Wenige Tage später traten bei Emilie Erstickungsanfälle, Fieber und andere Beschwerden auf. Knapp eine Woche nach der Geburt der Tochter verschied sie an einem Septembertag des Jahres 1749, vermutlich an Kindbettfieber. Erschüttert ließ Voltaire dem scherzhaften Bericht an d'Argental das Bekenntnis folgen: *Ich habe nicht nur den Verlust einer Geliebten erlitten. Ich habe die Hälfte von meinem Selbst verloren, einen Geist, der meinen vollendet ergänzt.*[61]

Auf Schloß Cirey konnte und wollte Voltaire nach dem Verlust

*«Dann ließ sie den entzückendsten Busen sehen, den die Natur je gebildet hatte.» Stich von J. Moreau zu «Zadig»*

Emilies nicht bleiben. Eine ganze Kolonne von Wagen, beladen mit Möbeln, Büchern, Bildern und Statuen, rollte in den nächsten Wochen nach Paris. Auf sehr freundschaftliche Art verabschiedete Voltaire sich vom Marquis du Châtelet, den die Anwesenheit des ihm so wesensfremden Gefährten seiner Frau anscheinend nie ernsthaft gestört hat.

*Voltaire und seine Nichte Marie-Louise.*

*Farbiges Pastell von Nicolas Cochin*

Wenige Monate nach dem Tode der Marquise du Châtelet begann im Leben Voltaires jene Periode, die besonders von französischen Biographen mit mehr oder weniger Ironie seine «preußische« genannt wird. «Voltaire, der Preuße, ein Sou!» riefen spöttisch die Händler, die in den Straßen von Paris primitive Karikaturen anboten, auf denen der prominenteste Vertreter der französischen Literatur mit einer Bärenfellmütze auf dem Kopf zu sehen war. Das Pariser Publikum nahm es Voltaire übel, daß er Frankreichs Hauptstadt den Rücken kehren wollte, um sich im «barbarischen» Norden niederzulassen. Voltaire selbst bemerkte sarkastisch, *seine Abreise* würde *die Pariser um ihr Opfer bringen.*

Kurz nach seiner Rückkehr aus Cirey hatte er mit dem launischen Pariser Theaterpublikum wiederum schlechte Erfahrungen gemacht. Seine neuen Dramen *Das gerettete Rom*, ein Schauspiel um die Verschwörung Catilinas, und die Tragödie *Orest* fanden nicht viel Beifall; es gab mehr Pfiffe und boshafte Kritik als Lob und Applaus. Der Tod seiner Freundin und die Übersiedlung hatten ihn so mitgenommen, daß er den größten Teil des Tages matt und krank im Bett zubrachte. Zum Glück hatte er in Marie-Louise, der Tochter seiner verstorbenen Schwester, eine Pflegerin und Haushälterin. Ihr Mann, der Kriegskommissar Denis, war bereits 1744 gestorben, und seitdem kümmerte sie sich um den Pariser Haushalt ihres Onkels. Die gar nicht intellektuelle Marie-Louise war genau das Gegenteil der Schloßherrin von Cirey. Nach den neuesten Ergebnissen der Voltaire-Forschung scheint es sogar, daß sie eine Zeitlang die Rivalin Emilie du Châtelets war. Erst 1957 gelang es dem unermüdlichen Sammler der weitverstreuten Korrespondenz Voltaires, Theodore Besterman, 142 zum größten Teil unbekannte Briefe zu entdecken. Der Editor übergab sie unter dem Aufsehen erregenden Titel «Liebesbriefe Voltaires an seine Nichte» der Öffentlichkeit. Besterman berichtet, daß Marie-Louise ihren Onkel nicht lange nach dem Tode ihres Mannes im Jahre 1744 wiedersah, und fährt fort: «Genau in diesem Augenblick, wo die Liebesgluten Voltaires und Emilies sich abzukühlen begannen, fanden sich Onkel und Nichte zum erstenmal wieder. Sie fielen sich in die Arme: die familiäre Zuneigung machte einer reinen und einfachen Liebe Platz.»[62] Soweit Theodore Besterman; in den Briefen Voltaires ist in der Tat oft von Liebe, Küssen und Umarmungen die Rede. Immer wieder heißt es da: *Ich umarme Dich tausendmal. Ich werde dich stets und zärtlich lieben*, und ähnlich. Ob die Zärtlichkeit des Onkels die Grenzen inniger familiärer Sympathie überschritten hat, läßt sich aus den Briefen schwer entnehmen. Im-

*Kronprinz Friedrich von Preußen.*
*Gemälde von Antoine Pesne, 1738*

merhin kam Voltaire erst als Mann von über fünfzig mit seiner Nichte in Kontakt, in einem Alter also, in dem er nach seinen eigenen Geständnissen der physischen Liebe längst entsagt hatte.

In den kritischen Monaten nach der Übersiedlung aus Cirey brauchte Voltaire jedenfalls mehr eine Krankenpflegerin als eine Geliebte. Besonders verstörte ihn die Reaktion des Hofes, als er andeutete, er wolle eventuell einer Einladung des Königs von Preußen nach Berlin folgen. Keiner der maßgeblichen Ratgeber Ludwigs XV. bemühte sich, ihn zurückzuhalten oder dem Geschichtsschreiber des Königs einen neuen interessanten Auftrag zu verschaffen. Schließlich machte Voltaire die Probe aufs Exempel und bat den Monarchen bei einer Audienz, ihm die Ausreise aus Frankreich zu gestatten. Er bekam nur zu hören, er könne gehen, wann es ihm passe. Am 28. Juni 1750 verließ Voltaire Paris. Er sollte seine Vaterstadt erst 28 Jahre später, kurz vor seinem Tode, wiedersehen.

Jean Orieux weist darauf hin, daß «der Bruch mit Versailles, mit Paris der große Bruch im Leben Voltaires»[63] war. Diesem Entschluß gingen lange Überlegungen voraus, die bis in das Jahr 1736 zurückreichen. Damals richtete der fünfundzwanzigjährige Kronprinz den ersten Brief an Voltaire, in dem er sich dem damals schon berühmten Autor als Bewunderer seiner Dichtungen vorstellte. «Was hat man nicht alles von dem Verfasser solcher Meisterwerke zu erwarten», schrieb Friedrich enthusiastisch. «Dies erregt in mir den Wunsch, alle Ihre Werke zu besitzen. Ich bitte Sie, mir diese zu schicken.»[64]

Mit diesem Schreiben wurde eine Korrespondenz eröffnet, die sich mit kurzen Unterbrechungen fast 42 Jahre bis zum Tode Voltaires hinzog. Am unproblematischsten war die komplizierte Beziehung zwischen Voltaire und Friedrich zweifellos in den ersten Jahren ihrer Korrespondenz. Voller Begeisterung tauschten sie Briefe, Bücher, Manuskripte, Medaillen und nicht zuletzt überschwengliche Komplimente aus, an deren Aufrichtigkeit sie wohl selbst nicht immer glaubten. Voltaire erwiderte dem Kronprinzen, der fern von aller politischen Verantwortung auf seinem Lustschloß Rheinsberg lebte, auf seinen ersten Brief: *Ich habe nun erkannt, daß es in der Welt einen Fürsten gibt, der als Mensch empfindet, einen Fürsten-Philosophen, der die Menschen glücklich machen wird. Ein Fürst, der solche Gedanken hat, könnte für seine Staaten das Goldene Zeitalter heraufführen.*[65] – Und Friedrich lud Voltaire schon wenige Monate später mit ebenso großen Worten nach Preußen ein: «Berlin werde Athen! Wenn es imstande ist, Herrn von Voltaire an sich zu ziehen, so wird es unfehlbar eine der berühmtesten Städte Europas werden. Verlassen Sie Ihr undankbares Vaterland und kommen Sie in ein Land, wo man Sie verehren wird. Möge Ihr Genie einst in dem neuen Athen seinen Belohner finden.»[66]

Es sollten noch mehr als ein Dutzend Jahre vergehen, ehe Voltaire in dem «neuen Athen» an der Spree eintraf. Die Hoffnung, vielleicht doch noch in seinem «undankbaren Vaterland» und insbesondere am Hofe Ludwigs XV. Karriere zu machen, hinderte ihn daran, den noch mehrmals wiederholten Einladungen Friedrichs zu folgen. Ein starker Hinderungsgrund war auch seine Liebe zur Marquise du Châtelet, die durch ihre Familie an Frankreich gebunden war. So beschränkten sich die Beziehungen zunächst auf einen regen Briefwechsel in Prosa und Versen, bei dem Voltaire nach seinen eigenen Worten oft den «Grammatiker» spielen, seinem Bewunderer die Feinheiten der französischen Sprache beibringen und die Verse Friedrichs korrigieren mußte. «Wie kann man auf Ihre Verse antworten», schrieb der Kronprinz aus Rheinsberg, «wenn man nicht ein geborener Dichter ist? Ich bin nicht so blind, mir einzubilden, ich hätte Talent zur Poesie. Es ist sehr viel verlangt, wenn man in einer fremden Sprache schreiben und Verse machen soll.»[67]

Als Friedrich 1740 nach dem Tode seines Vaters König wurde, kam es zu mehreren Begegnungen mit dem Idol seiner Jugend. Über das erste Treffen, das bei einer Reise des Königs in die westdeutschen Territorien Preußens auf Schloß Moyland bei Kleve stattfand, berichtete Friedrich: «Ich habe Voltaire gesehen, auf dessen Bekanntschaft ich so neugierig war. Aber ich sah ihn, als ich Fieber hatte, geistig abgespannt und körperlich geschwächt war. Bei Leuten seines Schlages darf man nicht krank sein. Er besitzt die Beredsamkeit Ciceros, die Liebenswürdigkeit des Plinius, die Weisheit Agrippas. Sein Geist arbeitet unaufhörlich. Er hat uns *Mahomet* vorgetragen, eine bewunderungswürdige Tragödie; wir waren vor Entzücken außer uns, ich kann nur bewundern und schweigen.»[68]

Bei den nächsten Begegnungen, die auf Friedrichs märkischem Schloß Rheinsberg, in Aachen, Berlin und Potsdam erfolgten, konnte Preußens Monarch nicht «nur bewundern und schweigen». Er wurde recht scharf und ironisch, wenn Voltaire mit ihm statt über Poesie und Philosophie über das Gebiet sprechen wollte, das den Regenten Friedrich anging: die Politik, insbesondere die politischen Beziehungen zwischen Frankreich und Preußen. In den Jahren der Schlesischen Kriege, in denen die beiden Mächte als Verbündete Österreich und England gegenüberstanden, entwickelte Voltaire einen Ehrgeiz, der seinem königlichen Freund mißfiel. In seinen *Memoiren* schrieb Voltaire später über die eigenartige Mission, die er im Krisen- und Kriegsjahr 1743 erledigte: *Das Haus Österreich erstand wieder aus seiner Asche. Frankreich wurde von Österreich und England bedrängt. Unsere einzige Rettung lag beim preußischen König. Man hatte die Idee, mich heimlich zu diesem Monarchen zu entsenden, damit ich seine Absichten erkunden und feststellen solle, ob er nicht dem Verhängnis zuvorkommen wolle, das ihn früher oder später von Wien her bedrohen werde, nachdem es uns bereits ereilt hatte; ich sollte zusehen, ob er nicht bereit war, uns hunderttausend Mann zur Verfügung zu stellen. Diese Idee war in den Köpfen Richelieus und der Madame Châteauroux entstanden. Der König billigte sie, und der Außenminister Amelot wurde angewiesen, für meine schnelle Abreise zu sorgen.*[69]

Voltaire hatte nicht viel Glück bei dem Versuch, Friedrichs *Absichten* zu *erkunden*. Der König wußte die Ressorts Literatur und Politik sehr genau zu trennen. Der Gast aus Frankreich durfte den Schwestern des Königs Verse voller höfischer Galanterie widmen. Er hatte die Ehre, an einer Reise des Königs zu seiner Lieblingsschwester Wilhelmine nach Bayreuth teilzunehmen. Aber in die politischen Geheimnisse des Königs wurde Friedrichs literarischer Freund nicht eingeweiht. So fielen die Berichte, die er seinen Auftraggebern im

Pariser Außenministerium übermittelte, sehr dürftig aus. Dem Diplomaten Voltaire wurde kein Lob gespendet.

Die Reise nach Berlin führte zu Auseinandersetzungen mit Madame du Châtelet. *Sie wollte nicht gestatten,* erzählt Voltaire in seinen *Memoiren, daß ich sie wegen des Königs von Preußen verließ. Sie fand nichts so abscheulich wie dies, daß ich sie um eines Monarchen willen im Stich lassen könnte.*[70] Der dem weiblichen Geschlecht abgeneigte Gebieter von Preußen wiederum konnte es nicht begreifen, daß jemand wegen einer Frau die Berufung an seinen Hof ausschlug. Als Voltaire ihm 1749 eine erneute Absage mit der Begründung übermittelte, er dürfe die Marquise nicht verlassen, weil sie in anderen Umständen sei, polterte der wegen Gichtschmerzen besonders schlecht gelaunte Monarch im nächsten Brief los: «Hören Sie! Ich bin ganz närrisch, Sie zu sehen! Madame du Châtelet kommt nieder. Sie sind keine Hebamme; also kann sie ihre Niederkunft ohne Sie abhalten. Wenn ich Sie schelte, so geschieht es, weil alle an Gicht Leidenden es so machen. Tun Sie, was Sie wollen, aber ich lasse mich nicht täuschen und werde sehen, ob Sie mich ernstlich lieben oder ob alles, was Sie mir sagen, nur theatralisches Geschwätz ist.»[71]

Voltaire antwortete diesmal gar nicht höfisch devot, sondern sehr resolut, *selbst ein Friedrich der Große* könne ihn *nicht hindern, eine Verpflichtung zu erfüllen,* die er für unerläßlich halte: *Ich bin weder ein Arzt noch eine Hebamme, aber ich bin ein Freund, und ich werde selbst Eurer Majestät zuliebe nicht eine Frau verlassen, die im September sterben kann. Ihr Kindbett scheint mir sehr gefährlich zu werden; aber wenn sie gut davonkommt, dann, Sire, verspreche ich, Ihnen im Oktober meine Aufwartung zu machen.*[72]

Voltaires Befürchtung, Emilie könnte im Wochenbett sterben, sollte sich sehr bald erfüllen. Aber nicht bereits im Oktober 1749, sondern erst im nächsten Sommer trat er nach langem Zögern die beschwerliche Reise nach Preußen an. Um Voltaires letzte Bedenken zu beseitigen, begrüßte ihn der König mit dem schmeichelhaftesten aller Briefe: «Sie sind Philosoph, ich bin es auch. Was gibt es Natürlicheres, als daß Philosophen, die dazu bestimmt sind, zusammen zu leben, dieser Neigung nachgeben? Ich bin nicht so töricht zu glauben, daß Berlin Paris aufwiegen könne. Wenn Reichtum, Größe und Pracht eine Stadt liebenswert machen, so treten wir gegen Paris zurück. Wenn der gute Geschmack sich an einem Ort der Welt findet, so gebe ich zu, daß dies Paris ist. Aber bringen Sie denn diesen Geschmack nicht überall hin, wo Sie sind? Sie werden hier glücklich sein, so lange ich lebe.»[73] Den Versprechungen fügte der sonst so sparsame Monarch Preußens das beachtliche Jahresgehalt von 5000 Talern hinzu. Weitere Zugaben waren: eine freie Wohnung im Pots-

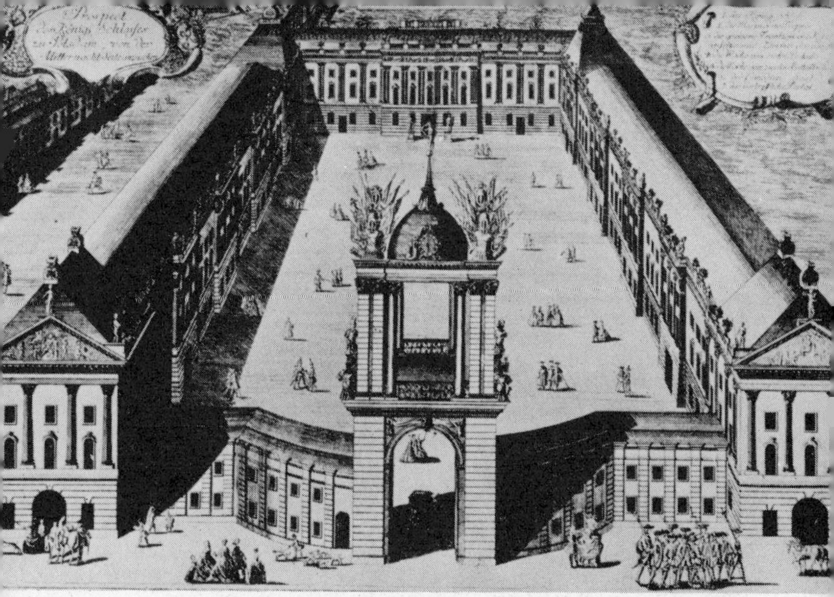

*Das Potsdamer Stadtschloß, in dem Voltaire wohnte*

*Schloß Sanssouci. Beide Stiche von J. D. Schleuen*

*Jules de la Mettrie. Zeitgenössischer Stich*

damer Stadtschloß, freie Beköstigung, eine prächtige Equipage, ein hoher Orden und der Kammerherrenschlüssel.

Im Gegensatz zu Ludwig XV. von Frankreich legte Friedrich II. von Preußen den größten Wert darauf, sich beinahe Tag für Tag stundenlang mit seinem Kammerherrn zu unterhalten. Bei den ausgedehnten Tafelrunden in Sanssouci, dem erst drei Jahre zuvor errichteten Lustschloß des Königs, war Voltaire der prominenteste Gast. Und zusammen mit dem Gastgeber, der sich gleichfalls gern reden hörte, war er zweifellos das gesprächigste und geistreichste Mitglied der Tafelrunde, die besonders an den katholischen Höfen Europas allmählich zu etwas dubiosem Ruhm gelangte. Denn an ihr nahmen fast nur Männer teil, die in dem Ruf standen, Freidenker, Kritiker, ja Feinde der Kirche zu sein. Friedrich hatte Jules Offray de la Mettrie, den wegen seiner materialistisch-atheistischen Ansichten in Frankreich verfolgten Autor des Buches «Der Mensch als Maschine», nach Potsdam geholt. Voltaire traf in Sanssouci den in aufklärerischer Philosophie dilettierenden Marquis d'Argens, den geistreichen italienischen Adligen Francesco Algarotti, den er schon von einigen Besuchen auf Schloß Cirey her kannte, schließlich ein anderes Mitglied des Kreises um die Marquise du Châtelet, den Mathematiker de Maupertuis, den Friedrich zum Präsidenten seiner Akademie der Wissenschaften ernannt hatte. Die belesenen schottischen Aristokraten James und George Keith sowie die mehr für die Musen als das Militär begeisterten Generale Graf Rothenburg und Baron de la Motte-Fouqué vervollständigten das internationale Symposion im Zentrum Preußens.

Über seine sonstige Tätigkeit berichtete er seiner Nichte nach Paris: *Mein Geschäft ist, nichts zu tun. Ich genieße meine Muße. Eine Stunde des Tages widme ich dem König, um seine Werke in Prosa und Versen ein wenig abzurunden; ich bin sein Grammatiker, nicht sein Kammerherr. Den Rest des Tages habe ich für mich, und der Abend schließt mit einem angenehmen Souper.*[74] – Voltaire übertrieb ein wenig, wenn er behauptete, er tue nichts, genieße lediglich seine Muße. Mehr ein Vergnügen als eine Arbeit war ihm sicherlich die Tätigkeit als Regisseur bei der Einstudierung seiner eigenen Dramen, in denen die Prinzen und Prinzessinnen des preußischen Hofes die Hauptrollen spielten. Während der angeblichen Muße in Potsdam schloß er jedoch das Manuskript des *Jahrhunderts Ludwig XIV.* ab; ein Werk, das ihn schon seit anderthalb Jahrzehnten beschäftigte. In Frankreich hatte er nur Ärger mit der Zensur gehabt, als er einige Kapitel im voraus veröffentlichte. In Berlin konnte nun endlich 1751 das umfangreiche Werk über das ebenso glanzvolle wie problematische Zeitalter des «Sonnenkönigs» erscheinen. Da Voltaire vor allem an einer Verbreitung des Buches in Frankreich gelegen war, hütete er sich, Ludwig XIV. alle Fehler und Missetaten anzukreiden, die unter seiner wenig friedlichen Regierung begangen wurden. Zwar bemerkt er: *Das Endergebnis aller dieser Kriegszüge zu Lande und zu Wasser war allgemeines Elend.*[75] Aber Voltaire stellte – manchmal im Gegensatz zur historischen Wahrheit – die Generale und Ratgeber des Königs als Hauptverantwortliche für solche unheilvollen Maßnahmen wie etwa die Verwüstung der Pfalz oder die Unterdrückung der Protestanten hin. Es bleibt ein Verdienst der in manchen Partien überholten Darstellung Voltaires, daß er im Gegensatz zu den meisten Historikern und Chronisten seiner Zeit nicht nur Kriegs- und Staatsaktionen sowie höfische Begebenheiten schilderte. Ausführlich behandelte er die kulturellen und künstlerischen Leistungen, die im Zeitalter des Schöpfers von Versailles trotz

*Voltaire liest Friedrich II. vor. Nach einem Gemälde von Camphausen*

der politischen und finanziellen Misere des Staates vollbracht wurden. Die Leitidee des Werkes umriß er in einem Brief an Thiériot: *Die Schleuse eines Kanals, die zwei Meere verbindet, ein Bild von Poussin, eine schöne Tragödie, eine an den Tag gebrachte Wahrheit sind tausendmal wertvoller als alle Annalen des Hofes, als alle Berichte über Feldzüge. Sie wissen, daß mir die großen Männer als die ersten erscheinen, die Helden aber als die letzten. Groß nenne ich die Männer, die sich im Nützlichen und Angenehmen hervorgetan haben. Die Verwüster von Provinzen sind nur Helden.*[76]

In Preußen fand Voltaire Zeit, das umfangreiche Lehrgedicht *Das natürliche Gesetz* fertigzustellen, in dem er eine von übernatürlicher Offenbarung und vernunftwidrigen Dogmen freie Religion forder-

*Voltaires Zimmer in Sanssouci*

te. Ähnliche Gedanken äußerte er in der *Predigt der Fünfzig*, die er zunächst nur Friedrich und seinen Freunden vorlas. Voltaire hat niemals zugegeben, der Verfasser zu sein. «Diese furchtbare Anklage, mit Abstand sein gewagtestes Werk», so erklärt Jacques van den Heuvel in seinem Kommentar zu der Predigt, «hätte ihn in die Bastille oder sogar auf den Scheiterhaufen gebracht.»[77] In einer *Predigt*, die eine von *fünfzig gebildeten, frommen und vernünftigen Personen* auf einer Versammlung an die übrigen richtet, heißt es da: *Meine Brüder, die Religion ist die geheime Stimme Gottes, die zu edlen Menschen spricht. Sie soll sie vereinen, aber nicht trennen.*[78] Nach Darlegung der Widersprüche und Absurditäten im Alten und Neuen Testament spricht der Prediger sodann von *dieser christlichen*

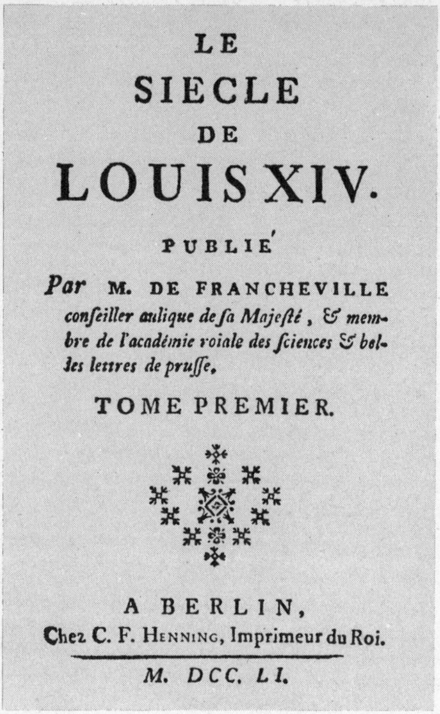

LE

SIECLE

DE

LOUIS XIV.

PUBLIÉ

*Par* M. DE FRANCHEVILLE

*conseiller aulique de sa Majesté, & membre de l'académie roiale des sciences & belles lettres de prusse.*

TOME PREMIER.

A BERLIN,

Chez C. F. HENNING, Imprimeur du Roi.

*M. DCC. LI.*

*Titelblatt der Erstausgabe des «Jahrhunderts Ludwigs XIV». Berlin 1751*

*Religion, die die Ursache von so vielen Spaltungen, Bürgerkriegen und Verbrechen gewesen ist, die soviel Blutvergießen zur Folge hatte und die in den Teilen der Erde, die sie regiert, in so viele verfeindete Sekten aufgeteilt ist.*[79] Der Prediger wendet sich gegen *den Fanatismus der in eine Menge Sekten aufgespaltenen Sekte dieses Jesus: Zu allen Zeiten schlägt, würgt und mordet man sich gegenseitig.*[80] Zum Schluß verurteilt er die Mysterien und Wundergläubigkeiten *dieses christlichen Aberglaubens, den die Priester selbst lächerlich gemacht haben,* und erklärt: *Man sagt uns, daß das Volk Mysterien braucht, daß man es täuschen muß. Das Volk ist aber nicht so einfältig, wie man glaubt. Es würde ohne Mühe für den weisen und einfachen Kult eines einzigen Gottes empfänglich sein. Möge dieser Gott, der Schöpfer aller Welten, mit dieser Sekte der Christen, die ihn verhöhnt, Mitleid haben! Möge er sie zur heiligen und natürlichen Religion zurückführen!*[81] Die *Predigt der Fünfzig* enthält im Kern die Ideen, die Voltaire in seinen letzten 35 Lebensjahren immer wieder in den verschiedensten Zusammenhängen aussprechen wird: angefangen von seiner Verurteilung eines jeden wie auch immer gearteten Fanatismus bis zu seinem Bekenntnis zu einem Gott der Vernunft, in dessen Religion Aberglauben, Wunder und widernatürliche Dogmen keinen Platz haben.

Die Möglichkeit, vor einem kleinen Kreis Gleichgesinnter ohne Scheu seine Gedanken aussprechen zu können, war vielleicht das glücklichste Erlebnis, das Voltaire in den zweieinhalb Jahren in Preußen zuteil wurde. Sonst hatte er nur wenig Freude in seinem neuen Lebensmilieu. Schon wenige Monate nach seinem Eintreffen schrieb er voller Zweifel an seine Nichte nach Paris: *Es ist wahr, daß Potsdam von Schnurrbärten und Grenadiermützen bewohnt ist; aber, Gott sei Dank, ich sehe sie gar nicht. Ich arbeite friedlich in meinem Zimmer bei Trommelwirbel. Ich habe mich von den Diners des Königs zurückgezogen; es gibt da zu viele Generale und Fürsten. Ich konnte mich nicht daran gewöhnen, immer in zeremonieller Haltung einem König gegenüber zu sitzen und Gespräche vor aller Öffentlichkeit zu führen. Ich soupiere mit ihm in kleinerer Gesellschaft. Man hat mich also, mein liebes Kind, in aller Form an den König von Preußen abgetreten. Meine Ehe ist geschlossen; wird sie glücklich sein? Ich weiß es nicht.*[82]

*Das königliche Schloß, in dem Voltaire wohnte,*
*wenn er sich in Berlin aufhielt. Stich von J. D. Schleuen*

Da Voltaire stets damit rechnete, daß seine Post kontrolliert würde, drückte er sich meist vorsichtig, ironisch aus, überließ es der Nichte, die vielen Aber und durch Punkte ausgefüllten Lücken in seinen Briefen zu ergänzen: *Die Soupers des Königs sind köstlich; man spricht da mit Vernunft, Esprit, Weisheit; da regiert die Freiheit. Mein Leben ist frei und ausgefüllt; aber ... aber ... Oper, Schauspiele, Soupers in Sanssouci, Paraden, Konzerte, Studien, Lektüre; aber ... aber ... Die Stadt Berlin, groß, viel besser angelegt als Paris, Paläste, Schauspielhäuser, leutselige Königinnen, charmante Prinzessinnen, schöne und wohlgestaltete Hofdamen ... aber ... mein liebes Kind, das Wetter verwandelt sich allmählich in eine schöne Kälte.*[83]

Und im Dezember setzte ihm die Kälte so zu, daß der an die milden Winter in Paris Gewöhnte in einem Zimmer des Berliner Stadtschlosses das melancholische Bekenntnis ablegte: *Ich schreibe neben einem Ofen, mit schwerem Kopf und traurigem Herzen, indem ich auf die Spree blicke, und zwar weil die Spree in die Elbe fließt und die Elbe ins Meer, und das Meer nimmt die Seine auf, und unser Haus in Paris ist ganz nahe an der Seine, und ich sage: mein liebes Kind, warum bin ich in diesem Palast, in diesem Zimmer, das auf die Spree hinausgeht, und nicht in der heimatlichen Ofenecke? Warum mußte ich dich wegen eines Königs verlassen? Mein liebes Kind, wie viele Vorwürfe mache ich mir! Wie ist mein Glück vergiftet! Wie kurz ist doch das Leben! Wie traurig, daß ich mein Glück fern von dir gesucht habe! Ich bin kaum wieder genesen.*[84]

Ausgerechnet in der Fremde, fern von seinen vertrauten Ärzten, wurde Voltaire von schwerer Krankheit befallen. Zu den Darmkoliken und Schwindelanfällen, an denen er schon in Frankreich gelitten hatte, kam ein skorbutähnliches Leiden, das ihn noch mehr schwächte. Er verlor fast alle Zähne. Allmählich formte sich das von vielen Bildern bekannte Greisenantlitz Voltaires mit dem eingefallenen, schmallippigen Mund: ein Totenschädel unter einer Perücke, aus dem als einziges Zeichen des Lebens große Augen hervorschimmern.

Es ist erstaunlich, wieviel Energie der von schwerer Krankheit Genesene entwickeln konnte, wenn es um seine Interessen ging. Und Voltaire hatte in Preußen nicht nur geistige Interessen, sondern auch sehr materielle. Er war nicht als armer Mann nach Berlin gekommen, und die 5000 Taler, die der König ihm pro Jahr bewilligt hatte, stellten nur einen Bruchteil seiner Einnahmen dar. Aus einer exakten Aufstellung seiner Einkünfte für 1749, dem Jahr vor seiner Ankunft in Preußen, ergibt sich, daß Voltaire in zwölf Monaten genau 74 038 Livres kassierte. Darunter waren nicht nur Zinsen für Darlehen, die er in kluger Berechnung seinen adligen Freunden und

*Pierre Louis Moreau de Maupertuis.*
*Stich von Daullé nach Tournière*

Gönnern gewährte, so etwa den Herzögen von Richelieu, Bouillon und Villars. Nicht weniger als 17 000 Livres erhielt er für Gewinne, die ihm aus Lieferungen für Lebensmittel an die französische Armee zuflossen. Rechnet man noch die in dieser Aufstellung nicht enthaltenen Zinsen aus seinem ererbten Vermögen und die Einnahmen aus seinen Büchern hinzu, so ergibt sich ein Jahreseinkommen von mindestens 100 000 Livres. Voltaire verdiente also nach heutigen Maßstäben rund eine halbe Million Mark und dürfte der vermögendste Literat im damaligen Europa gewesen sein.

Auch in Preußen ließ sich der Nachfahre der Händler- und Juristenfamilie Arouet kein Geschäft entgehen. Sein Hauptpartner war ein Juwelenhändler, der preußische Schutzjude Abraham Hirschel. Er besorgte Voltaire Brillanten und sächsische Steuerkassenscheine. Da Voltaire sich bei dem Brillantenkauf übervorteilt fühlte, kam es zu einem Prozeß, der einiges Aufsehen erregte. Lessing, der damals als junger Literat in Berlin lebte, kommentierte den Prozeß in einem Epigramm, das mit den Versen schloß:

Und kurz und gut, den Grund zu fassen,
Warum die List
Dem Juden nicht gelungen ist,
So fällt die Antwort ungefähr:
Herr V... war ein größ're Schelm als er.[85]

Unerfreulicher als die Brillantenaffäre wirkte sich für «Herrn V...» das Geschäft mit den sächsischen Steuerkassenscheinen aus. Solche Spekulationen waren in Preußen streng untersagt. Der König kanzelte das prominenteste Mitglied seiner Tafelrunde gleich in zwei groben Briefen ab. «In der ganzen Stadt haben Sie den größten Lärm verursacht», schrieb Friedrich. «Die Sache mit den Steuerscheinen ist in Sachsen so publik geworden, daß ich die bittersten Beschwerden entgegennehmen mußte. Derartige Dinge hinterlassen ihre Flecken; selbst mit den Gaben des geistreichsten Mannes von Frankreich würden Sie einen Makel nicht zudecken können, den ein derartiges Benehmen auf die Dauer Ihrem Rufe aufdrücken müßte.»[86]

Noch mehr als durch seine geschäftlichen Manipulationen verärgerte Voltaire den König durch einen Streit mit Maupertuis, seinem Gefährten aus den Tagen von Cirey. Als Präsident der von Friedrich geförderten Akademie der Wissenschaften nahm der Mathematiker und Physiker eine bevorzugte Stellung ein. Er war es gewohnt, zu den Tafelrunden nach Sanssouci eingeladen zu werden. Es mißfiel dem stolzen, geltungsbedürftigen Mann auf die Dauer, daß ein windiger Literat und Laie auf dem Gebiet der exakten Wissenschaften von dem König noch häufiger ins Gespräch gezogen wurde als er. Schon nach kurzer Zeit betrachteten sich beide als Rivalen um die Gunst des Monarchen.

So kam es zu jener etwas verwickelten Affäre, über die Friedrich dem preußischen Gesandten in Paris den etwas voreingenommenen Bericht übermittelte: «Voltaire hatte Lust bekommen, Präsident unserer Akademie zu werden. Das beste Mittel, um dies zu erreichen, schien ihm, Maupertuis lächerlich zu machen. In einem literarischen Streit griff er Maupertuis heftig an. Um seine Streitschriften hier drucken zu lassen, erbat er sich von mir die Erlaubnis, seine Verteidigung Lord Bolingbrokes zu veröffentlichen. Diese Erlaubnis benutzte er dazu, seinen Verleger zu betrügen und den *Akakia* zu drucken, die schändlichste Satire gegen Maupertuis. Ich erfuhr die Sache und ließ ihn kommen. Er mußte seine Gaunerei zugeben. Ich drohte, ihn hinauswerfen zu lassen, wenn er nicht erstens die gesamte Auflage der *Akakia* herausgebe und zweitens ein Schriftstück unterzeichne, in dem er versprach, in Zukunft weder Fürsten noch Privatleute anzugreifen. Das mußte er hinnehmen. Kaum komme

*Friedrich II. Gemälde von Antoine Pesne.*
*Ehem. Kaiser-Friedrich-Museum, Berlin*

ich in Berlin an, so erfahre ich, daß *Akakia* verkauft wird. Darauf ließ ich das Buch durch Henkershand verbrennen und Voltaire seinen Kammerherrenschlüssel und Orden abfordern. Auf seine inständigen Bitten hin ließ ich mich erweichen und verlangte von ihm nur, in der Zeitung seine nichtswürdigen Schmähschriften zu widerrufen, was er dann auch tun mußte.»[87]

Friedrich verschwieg in seinem Bericht nach Paris, daß er selbst in einem anonymen Flugblatt zugunsten seines Akademiepräsidenten in den Streit eingriff. Über die Verbrennung der Satire *Akakia* durch den Henker des Königs entrüstete sich schon der alte David Friedrich Strauß: «Nein, diese Art, gegen ein Buch vorzugehen, mußte der Fürst der Aufklärung der spanischen Inquisition oder dem Pariser Parlament überlassen, und Voltaire hat ihm in der Tat etwas geschenkt, daß er diesen Akt nicht zum Gegenstand einer satirischen Darstellung gemacht hat.»[88]

Nach der Tragikomödie um Maupertuis-*Akakia* wurde Voltaires Lage in Berlin und Potsdam immer schwieriger. Reinhold Koser, der gründlichste Erforscher der friderizianischen Epoche, kommt zu dem Resultat: «Er hatte unter den Deutschen keine Freunde und vollends keine unter den Franzosen, weder in der alten Gemeinde der Glaubensflüchtlinge noch in der neuen Kolonie der Belletristen und Freidenker; die beißendsten Anekdoten, die man sich in Berlin erzählte, sind gerade von den Berliner Franzosen in Umlauf gesetzt worden.»[89] Ein Zeitgenosse, der schwedische Diplomat Scheffer, berichtete schokkiert: «Ich habe Voltaire gesehen, und ich kann versichern, sein Los ist nicht beneidenswert. Er sitzt den ganzen Tag allein auf seinem Zimmer und nachher speist er mit dem König auch mehr aus Not als aus eigenem Trieb: er merkt recht wohl, daß er da ungefähr dieselbe Rolle spielt wie die Mitglieder der Pariser Oper zu der Zeit, als die gute Gesellschaft sie nur zuließ, um Tafelmusik zu haben.»[90]

Der Bericht des Schweden wird durch den bitteren Brief bestätigt, den Voltaire zur gleichen Zeit, Ende 1752, an seine Nichte schrieb: *Nun will ich mir ein kleines Wörterbuch für Könige anlegen. «Mein Freund» bedeutet «mein Sklave». «Mein lieber Freund» heißt: «Sie sind mir mehr als gleichgültig». Unter der Phrase: «Ich werde Sie glücklich machen» ist zu verstehen: «Ich werde Sie bei mir dulden, so lange ich Sie brauchen kann». «Soupieren Sie heute abend mit mir» bedeutet nur: «Ich will Sie heute abend verhöhnen.»*[91]

Voltaire mochte es gelingen, sich vorübergehend einem Fürsten anzupassen. Auf die Dauer hatte er nicht das Talent zum glatten, devoten Hofmann. Weder am Hofe in Versailles noch bei der Tafelrunde in Sanssouci brachte er es über sich, stets nur zu schmeicheln und zu heucheln. Bei den Potsdamer Soupers kam es zwischen Friedrich und seinem französischen Gast vor allem deshalb zu Verstimmungen, weil sie sich in manchem sehr ähnlich waren. Beide waren gern Mittelpunkt der Tafel und hörten sich gern reden. Beide reagierten sehr empfindlich auf boshafte Bemerkungen anderer, die sie selbst nur zu gern verteilten.

Der König war der Streitereien und Dispute mit dem Mann, der das geistige Idol seiner Jugend gewesen war, allmählich müde. Voltaires Wunsch, in dem französischen Badeort Plombières eine längere Kur zur Wiederherstellung seiner Gesundheit durchzuführen, quittierte Friedrich mit dem ungnädigen Brief: «Es war nicht nötig, daß Sie eine angeblich dringliche Badereise nach Plombières zum Vorwand nahmen, um Ihren Abschied zu verlangen. Sie können aus meinem Dienst ausscheiden, wann es Ihnen gut dünkt; ehe Sie jedoch abreisen, wollen Sie mir den Kammerherrnschlüssel, den Orden und den Ihnen anvertrauten Band Gedichte zurücksenden.»[92]

**Von wem ist die Rede, außer von Geld?**



*Ein Geldbeutel ist so viel wert . . .*

. . . wie sein Inhalt. Er, der diesen Satz schrieb, war sehr reich. Deshalb glaubte man ihm auch zeitlebens nicht seine philosophischen Weisheiten wie: «Glücklich ist, wer kein Geld hat», oder: «Der Mensch muß seinen Geist füllen, nicht seine Geldtruhe».

Er wurde geboren in Córdoba, wo sein Vater als Jurist und Schriftsteller lebte, seine Ausbildung jedoch erhielt er in Rom. Er sowohl wie seine Brüder brachten es zu hohen politischen Ämtern und Ehren; einer der Brüder wird sogar in der Bibel erwähnt (Apostelgeschichte 18, 12–17), allerdings unter dem Namen eines Adoptivvaters.

Der berühmteste der Brüder, von dem hier die Rede ist, war kränklich-schmächtig und schwindsüchtig; gesundheitshalber mußte er einige Jahre in Ägypten verbringen. Immerhin: Seine Krankheit rettete ihn einmal vor der Vollstreckung eines Todesurteils; sie rettete ihn jedoch nicht vor einer achtjährigen Verbannung; die hatte er einer in der Weltgeschichte recht berüchtigten Dame zu verdanken, die ihn intimer Beziehungen zur Nichte des Kaisers verdächtigte.

Nach seiner Rückkehr freilich hatte er als zweithöchster Staatsbeamter und als Erzieher eines späteren Kaisers großen politischen Einfluß. Als sein Zögling später rabiat wurde (er ermordete seinen Stiefbruder, seine Mutter und seine Frau), wandte sein einstiger Lehrer sich von ihm ab und lebte fortan als Schriftsteller. Er schrieb Tragödien, die Shakespeare, Racine und Corneille beeinflußten und Lessing beeindruckten, schrieb philosophische und philosophisch-naturwissenschaftliche Werke, die unter anderen Schopenhauer bewunderte. Als 69jähriger schied er durch (erzwungenen) Selbstmord aus dem Leben.

Wer war's? (Alphabetische Lösung: 19–5–14–5–3–1).

Wegen dieses Buches, eines Bandes der nur für die Freunde des Königs gedruckten «Œuvres du Philosophe de Sanssouci», kam es dann in Frankfurt zu einem Zwischenfall, den Voltaire selbst als einen bezeichnenden Akt monarchischer Willkür hinstellte. Marie-Louise war ihrem Onkel aus Paris in die Freie Reichsstadt am Main entgegengereist. *Aber sie fand mich als Kriegsgefangenen wieder*[93], schrieb Voltaire später sarkastisch in seinen *Memoiren.* Der preußische Resident in Frankfurt, ein Herr Freytag, hatte Voltaire nämlich in seinem Hotel unter Hausarrest stellen lassen, weil er den von Friedrich zurückgeforderten Gedichtband nicht sofort aushändigen konnte. Das Buch traf erst mehr als zwei Wochen später zusammen mit dem restlichen Gepäck Voltaires in Frankfurt ein. Nach Aushändigung des Bandes wollte Voltaire endlich mit seiner Nichte nach Frankreich weiterreisen. Jedoch er hatte die Rechnung ohne den Residenten Freytag gemacht. Ein Befehl, den früheren Kammerherrn seines Königs abreisen zu lassen, war noch nicht aus Berlin eingetroffen. Der Resident reagierte als überkorrekter Beamter des Königs von Preußen mit einer Aktion, die – wie Friedrich selbst in einem Brief feststellt – «von einer brutalen Schärfe gar nicht nach meinem Geschmack war»[94]. Mit Hilfe von Milizsoldaten der Freien Reichsstadt, so erzählt Voltaire, *schaffte man uns in eine Herberge, vor deren Tür zwölf Posten aufgestellt wurden; vier weitere wurden in mein Zimmer beordert, vier auf einen Boden, wohin man meine Nichte befördert hatte, schließlich vier in eine zugige Dachkammer, in der man meinem Sekretär ein Strohlager zuwies. Meiner Nichte gab man zwar ein kleines Bett; aber an Stelle von Kammerfrauen erhielt sie vier Soldaten mit aufgepflanztem Bajonett zur Gesellschaft. Zwölf Tage lang wurden wir wie Kriegsgefangene behandelt.*[95]

Als «Kriegsgefangener» des Frankfurter Residenten König Friedrichs beendete Voltaire zunächst seine Freundschaft mit dem *Fürsten-Philosophen, der die Menschen glücklich machen wird.* Erst mehrere Jahre später, im Siebenjährigen Krieg, an dessen Zustandekommen dieser *Fürst-Philosoph* nicht ganz unschuldig war, nahmen sie zögernd ihre Korrespondenz wieder auf. Aber Voltaire legte nie mehr Wert darauf, Preußen und seinen König wiederzusehen.

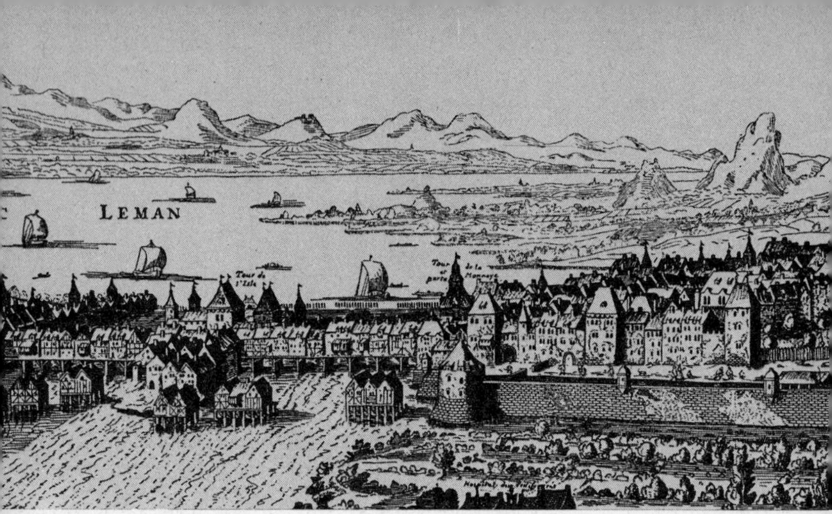


*Das alte Genf. Radierung von Vischer*

## DER AUFKLÄRER UND ANWALT DER VERFOLGTEN

In den Wochen nach der peinlichen Frankfurter Affäre lernte Voltaire die Deutschen von einer angenehmeren Seite kennen. Die Adligen und Fürsten am Rhein und Main, die für die selbstbewußten Bürger der Freien Reichsstadt und den Eroberer von Schlesien gleich wenig Sympathien hatten, machten sich ein Vergnügen daraus, den aus Frankfurt und Preußen Vertriebenen wie einen Ehrengast zu feiern. In Mainz und Mannheim, besonders jedoch in Schwetzingen, der Sommerresidenz der pfälzischen Kurfürsten, war Voltaire Mittelpunkt von Empfängen des Adels und Hofes. Kurfürst Karl Theodor, der die französische Literatur schätzte, ließ an seinem Hoftheater zu Ehren seines Gastes gleich vier Dramen Voltaires aufführen. Nach den Aufregungen in Frankfurt hatte sich Voltaire, wie er in Briefen nach Paris berichtete, dem Tode nahe gefühlt. Die Komplimente und Ehrungen der rheinischen Aristokratie gaben ihm wieder so viel Energie, daß er in den Pausen zwischen den Festlichkeiten sogar noch eine Tragödie schrieb. *Die Waise aus China* nannte sich das geistreiche, schnell hingeworfene Stück, eine Konzession Voltaires an die modische Vorliebe der Zeitgenossen für das «Reich der Mitte».

Jedoch auf die Dauer hielt er es nicht am Hofe eines deutschen Kleinfürsten aus. Nach fast dreijährigem Aufenthalt im Ausland hatte er die größte Lust, nach Paris zurückzukehren. Marie-Louise, die dem Onkel vorausgefahren war, stellte jedoch bald fest, daß Ludwig XV. und seine Minister auf die Anwesenheit des früheren Hof-

*Der Arzt Théodore Tronchin*

historiographen nicht den geringsten Wert legten. Schon aus politischen Gründen hatte man in Paris kein Interesse daran, das schwierige Verhältnis zum preußischen König noch mehr zu belasten, indem man Voltaire nach dem Konflikt mit Friedrich in Gnaden aufnahm. Der Literat Voltaire hatte ein doppeltes Pech. Gerade in diesen Monaten begannen in Paris Abschriften von Bruchstücken seiner *Pucelle,* der Burleske um die Jungfrau von Orléans, zu kursieren. Ferner veröffentlichte ein holländischer Buchhändler gegen den Willen Voltaires ein fragmentarisches Werk, einen *Abriß der Weltgeschichte.* Das Manuskript war vermutlich durch Diebstahl in den Besitz des Händlers gelangt. Um ein besseres Geschäft zu machen, fügte er in den Text Angriffe gegen Monarchen und Priester ein, die Voltaire in der Hauptstadt sehr übelgenommen wurden.

Unter diesen Umständen konnte er zunächst nicht an eine Rückkehr nach Paris denken. Er war schon froh, daß die Behörden nichts gegen seinen Aufenthalt in den Grenzprovinzen des Landes einzuwenden hatten. Mißvergnügt logierte er in Straßburger und Colmarer Gasthöfen, arbeitete eine Zeitlang in der reichhaltigen Bibliothek der Benediktiner von Senones und versuchte in den Bädern von Plombières seine Gicht und sein Harnleiden zu kurieren. Manchmal ärgerte ihn die Zudringlichkeit neugieriger Besucher und der Mitarbeiter der Journale, die dem berühmten Mann auch in die kleinen Orte fern von Paris folgten. *Ich habe das Pech, daß ich nicht einen Schritt tun kann, ohne daß Europa es weiß,* stöhnte er in einem Brief. *Diese unglückselige Berühmtheit macht mir großen Kummer.*[96]

Das peinlichste Erlebnis hatte er in Lyon, wo er nach der Sitte der Zeit den führenden Männern der Stadt seine Aufwartung machte. Er suchte auch den Erzbischof und Kardinal Pierre Guérin de Tencin auf, einen Bekannten aus seinen Pariser Jugendjahren. Die Audienz dauerte kaum eine Minute. De Tencin erklärte, er könne Voltaire nicht zur Tafel dabehalten, da dieser mit dem Hof nicht gut stehe. Auch von dem Stadtkommandanten wurde Voltaire kurz und wenig liebenswürdig abgefertigt.

*Mein Freund, dieses Land ist nicht für mich geschaffen*, sagte Voltaire seinem Sekretär nach den Erfahrungen in Lyon, wo er ebenso wie sonst auf seiner Reise von Spitzeln der Polizei überwacht wurde. Aber welches Land war für Voltaire «geschaffen»? Mit 60 Jahren war er zwar Frankreichs berühmtester Schriftsteller, aber zugleich ein Heimatloser, in seiner Vaterstadt Paris unerwünscht, dauernd von den Behörden kontrolliert und an der Herausgabe seiner Schriften gehindert. Er hätte zum zweitenmal nach England emigrieren und auch leicht am Hof eines deutschen Fürsten Aufnahme finden können. Aber die Aufenthalte in London und Berlin hatten Voltaire belehrt, wie unerquicklich es für ihn als einen Mann der Sprache war, in einer Umgebung zu leben, in der Französisch nur von wenigen meist recht fehlerhaft gesprochen wurde.

Das vertraute Sprachmilieu war ein Grund, der Voltaire veranlaßte, nach längerem Schwanken in die französische Schweiz überzusiedeln. Der zweite Grund war die Tatsache, daß in der calvinistischen Stadtrepublik Genf mehr geistige Freiheit als in der französischen Monarchie herrschte. Voltaire brauchte nun nicht mehr bei jedem Satz zu überlegen, ob er wohl die Pariser Zensur passieren könnte. Als dritter Grund kam hinzu, daß er den ihm aus Frankreich gut bekannten Arzt Théodore Tronchin in der Nähe haben wollte. Der dauernd Kränkelnde war von den Heilkünsten Tronchins überzeugt. Außerdem war es für Voltaire sehr von Nutzen, daß die Familie des inzwischen wieder in Genf ansässigen Arztes zu den einflußreichsten der Stadt gehörte. In seinem Gesuch an den Rat von Genf gab Voltaire als Grund für seine Übersiedlung an, sein Gesundheitszustand zwinge ihn, *dem ehrenwerten Tronchin nahe zu sein*.

Die Ratsherren erlaubten *«Sieur de Voltaire»* gern, auf Genfer Gebiet zu wohnen. Als realistisch denkende Männer hatten sie nichts gegen einen Mann einzuwenden, der soviel Ruhm und Geld mitbrachte wie dieser Grandseigneur der Literatur. Voltaire enttäuschte die Erwartungen der Genfer nicht. Auf Schweizer Territorium, wo er sich vor dem Zugriff der Gendarmen und Zensoren Ludwigs XV. sicher fühlte, entschloß er sich zum erstenmal in seinem Leben, Grundbesitz zu erwerben. Bisher hatte er mobile Werte wie etwa Aktien,

*Voltaires Villa «Les Délices» in Genf. Zeitgenössischer Stich*

Schuldverschreibungen, Zinsbriefe und Bargeld «Immobilien» vorgezogen. Der Sechzigjährige hatte es satt, stets nur Logiergast in Fürstenpalästen und Adelsschlössern zu sein.

Als erstes Grundstück erwarb er für die beachtliche Summe von 90 000 Livres in Genf ein Landhaus mit einem großen Garten. Von der komfortablen Villa hatte man zugleich einen reizvollen Blick auf den Genfer See und die Alpen. Voltaire war von seinem Besitz so entzückt, daß er ihn *Les Délices* [Die Wonnen] taufte. Im benachbarten Lausanne erstand er gleich zwei Grundstücke, ein Haus im Ort selbst und die Villa Monrion in der Umgebung der Stadt.

Die Häuser nahmen Voltaire und Marie-Louise, die aus Paris zu ihrem Onkel gereist war, so in Anspruch, daß seine Briefe in der er-

Genf am See

sten Zeit sehr kurz ausfielen. *Mein alter Freund,* entschuldigte er sich bei Thiériot, *ich habe mich zum Maurer, Zimmermann und Gärtner entwickelt. In meinem Hause herrscht ein Durcheinander. Madame Denis und ich sind dabei, für unsere Freunde und unsere Hühner Behausungen zu schaffen. Wir pflanzen Orangenbäume und Zwiebeln, Tulpen und Karotten. An allen Ecken und Enden fehlt etwas. Es gilt, Karthago neu zu gründen.*[97]

In den nächsten Jahren entwickelte Voltaire eine fast beängstigende Leidenschaft für den Erwerb von Häusern und Grundstücken. Im benachbarten französischen Grenzgebiet kaufte er gleich zwei Landgüter, die seinen Schweizer Besitz an Umfang weit übertrafen: die Herrschaften Tournay und Ferney. Es sah ganz so aus, als wolle er Ludwig XV. beweisen, daß er trotz seines Genfer Domizils ein loyaler Untertan und Franzose bleiben wolle. Vielleicht wollte er für alle Fälle auch eine Zuflucht vor den Polizisten der Genfer Ratsher-

ren besitzen, die als dezidierte Calvinisten den Pariser Philosophen und Freigeist mitunter voll Mißtrauen betrachteten. *Ein Philosoph,* so äußerte Voltaire, müsse *gegen die Hunde, die ihn verfolgen, mehrere Schlupflöcher haben.* Er legte sich nach und nach gleich in vier Orten *Schlupflöcher* an. *Ich habe vier Pfoten, nicht nur zwei,* schrieb er scherzhaft und vorsichtig zugleich nach Paris. *Mit der einen stehe ich in Lausanne, in einem reizenden Haus im Winter; mit der zweiten Pfote in Délices in Genf, wo mir die gute Gesellschaft Besuche macht. Dies sind meine beiden Vorderpfoten. Mit den Hinterpfoten aber stehe ich in Ferney und in der Grafschaft Tournay.*[98]

Endlich, mit mehr als sechzig Jahren, kam Voltaire wenigstens äußerlich zur Ruhe. Seine Besitztümer in der Umgebung des Genfer Sees blieben in den über zwanzig Lebensjahren, die ihm noch bevorstanden, sein fester Aufenthalt. Jedoch der Schriftsteller Voltaire setzte sich in Ferney und Genf nicht zur Ruhe. Die Altersproduktivität Voltaires ist ein Phänomen, das die Zeitgenossen und die Nachwelt gleichermaßen verblüffte. Neben Hunderten von kleineren Schriften, Flugblättern, Polemiken und Artikeln für die «Enzyklopädie» erschienen in den Jahren nach seiner Ankunft in der Schweiz im Dezember 1754 der mehrbändige *Versuch über die Sitten*, das Buch über Peter den Großen, an die zwanzig Romane und Erzählungen, der umfangreiche *Kommentar zu Corneille*, der *Traktat über die Toleranz*, das *Philosophische Wörterbuch* und die neun Bände der *Enzyklopädischen Fragen*.

David Friedrich Strauß zieht in seinem vor hundert Jahren erschienenen Voltaire-Buch die noch heute gültige Bilanz: «Voltaire ist niemals so tätig, so produktiv gewesen wie in dieser letzten Lebensperiode vom sechzigsten bis zum vierundachtzigsten Jahre. Die Höhe seines Ruhmes hatte er schon vorher erstiegen; aber seine höchste, seine eigentlich welthistorische Bedeutung beruht vorzugsweise auf dem, was er während seines Aufenthalts am Genfer See und in Ferney geleistet hat. Jetzt erst zogen ihn weder höfische noch gesellige Pflichten mehr von den Studien ab; keine Rücksichten schlossen ihm den Mund; als freier Mann auf eignem Grund und Boden, nur noch mit einem Fuß in dem despotisch-pfäffischen Frankreich und seiner gefährlichen Hauptstadt fern, sah er sich jetzt erst imstande, ohne Scheu und Schonung seine abweichende Meinung herauszusagen und alles zu rügen, was ihm an den bestehenden Verhältnissen nicht gefiel.»[99]

In einem Alter, in dem andere sich wohl oder übel mit den bestehenden Verhältnissen abfinden, ging Voltaire «auf die Barrikaden». Er wußte, welchen Gefahren er sich aussetzte, besonders wenn er sich in Ferney auf französischem Boden aufhielt. Noch mit fast 75 Jahren schrieb er an seinen Pariser Freund d'Argental: *Stets verleumdet, der Gefahr ausgesetzt, daß ich verurteilt werde, ohne vorher gehört zu sein, verbringe ich meine letzten Lebenstage in einer nur zu gut begründeten Furcht. Fünfzig Jahre Arbeit haben mir nur fünfzig Feinde mehr eingebracht, und ich bin stets bereit, mir an einem anderen Ort Sicherheit zu suchen.*[100]

Es ist in der Tat schwer zu verstehen, aus welchen Gründen der alte Voltaire, der ein viel radikalerer Rebell gegen die Übergriffe der Monarchie und Kirche war als der jugendliche Autor der *Henriade* und *Philosophischen Briefe*, nie mehr mit der Bastille Bekanntschaft gemacht hat. Vermutlich bewahrten ihn sein Alter, sein über ganz Europa verbreiteter Ruhm und nicht zuletzt seine Freunde bei Hofe und in den Ministerien vor Haft und gerichtlicher Verfolgung. Im Vergleich mit den Diktaturen unseres Jahrhunderts, in denen eine

*Schloß Ferney*

perfekte, durchorganisierte Bürokratie eine freie Meinungsäußerung nahezu unmöglich macht, war die Monarchie Ludwigs XV. eine bemerkenswert unvollkommene Institution. Die Arbeit der Zensoren wurde nicht nur dadurch erschwert, daß die meisten Publikationen unter Decknamen oder anonym, mit fingierten Verlegernamen und Erscheinungsorten herauskamen. In solchen Fällen war es den Behörden manchmal kaum möglich, den wirklichen Autor und Verleger einer Schrift zu ermitteln. Voltaire nutzte diese Situation wiederholt aus, indem er dementierte, Bücher geschrieben zu haben, die ihm gefährlich werden konnten. Hinzu kam, daß manche der vom König eingesetzten Kontrolleure, so etwa der Präsident de Malesherbes, innerlich auf der Seite derer standen, die sie kontrollieren sollten. Die kirchenfeindlichen Werke Voltaires wurden zunächst beschlagnahmt. Aber anschließend drückte ein Freund des Autors, wie etwa Étienne Damilaville, als Angestellter der zuständigen Behörde das Siegel des Generalkontrolleurs auf die konfiszierten Bücherpakete und ermöglichte damit den Vertrieb der beanstandeten Schriften.

*Wie albern ist Paris doch noch immer,* beklagte Voltaire sich in einem Brief an d'Alembert über die Zensurmisere. *Gingen auch Cicero und Lukrez durch die Hände von Bücherzensoren? Weshalb dann diese Wut gegen die Philosophie? Ich kann mich gar nicht daran gewöhnen, die Weisen von Toren in den Staub getreten zu sehen. Mein Herz ist tief verwundet.*[101]

Bei der *Philosophie*, die den Zensoren so unangenehm auffiel, handelte es sich um gewisse Artikel zur «Enzyklopädie». Der Philosoph und Mathematiker Jean Le Rond d'Alembert bemühte sich zusammen mit Denis Diderot und anderen Mitarbeitern bereits seit 1751 um die «Enzyklopädie oder das nach Vernunftgründen bearbeitete Wörterbuch der Wissenschaften, Künste und Handwerke». Erst mehr als dreißig Jahre später, nach Voltaires Tod, lag das imposante Lexikon der Aufklärung mit 34 Bänden und mehreren Supplementen abgeschlossen vor. Es stellte zugleich eine Bilanz des Wissens der Zeit und eine Kritik des Zeitalters dar, und diese Kritik paßte vielen nicht. *Diejenigen, die zu dieser Unternehmung nicht zugelassen wurden, erhoben sich gegen sie,* berichtete Voltaire dem Herzog Ferdinand von Braunschweig. *Die Jesuiten fingen damit an; sie wollten die Artikel über Theologie bearbeiten, und sie waren zurückgewiesen worden. Wie üblich klagte man die Enzyklopädisten*

*Ein Werk Voltaires ohne Angabe des Autors, des Verlags und des Erscheinungsortes*

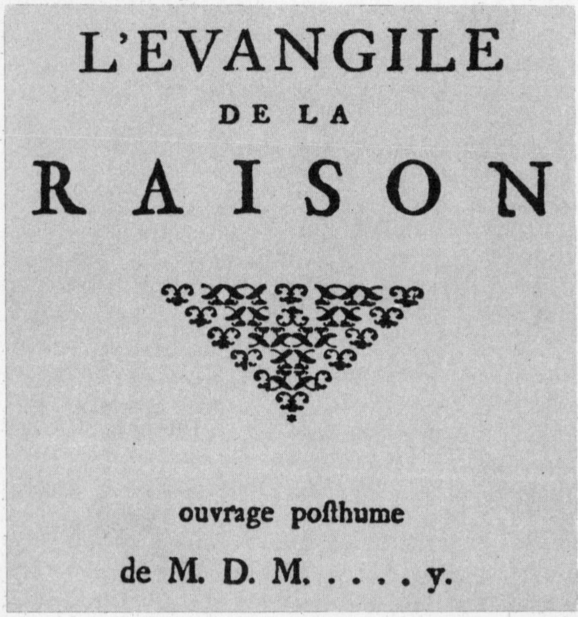
L'EVANGILE

DE LA

RAISON

ouvrage posthume

de M. D. M. . . . . y.

*Jean Le Rond d'Alembert*

*der Irreligiosität an. Die Jansenisten, die sahen, daß ihre Rivalen Alarm geschlagen hatten, blieben nicht ruhig.*[102]

Voltaire war ein unermüdlicher Förderer des Unternehmens, das immer wieder ins Stocken geriet. Bald machte die Zensur Schwierigkeiten, bald fielen Autoren aus, bald gab es Streit mit den Verlegern und Setzern. Der prominenteste Mitarbeiter der «Enzyklopädie», dem die Zeitgenossen Eitelkeit nachsagten, war zugleich einer der bescheidensten Helfer der Herausgeber. Über seine Artikel, die in erster Linie Stichworte aus der Literatur und Geschichte behandelten, schrieb er an d'Alembert: *Ich zittere jedesmal, wenn ich Ihnen einen Artikel vorlege. Aber ich habe keine Bücher, bin krank und diene Ihnen, so gut ich kann. Werfen Sie ins Feuer, was Ihnen mißfällt.*[103]

Die Atmosphäre, in der die Enzyklopädisten arbeiten mußten, erbitterte ihn stets aufs neue: *Wie mir scheint, hat man Leute von Geist in Paris noch nie so gefürchtet wie jetzt. Die Bücherinquisition*

*Zwei anonyme Illustrationen zu «La Pucelle»*

*ist streng; man schreibt mir, daß die Subskribenten ihr Dictionnaire encyclopédique noch nicht haben. Das ist nicht nur streng, sondern sehr ungerecht. Hemmt man den Verkauf dieses Werkes, so bestiehlt man die Subskribenten und richtet die Verleger zugrunde. Ich möchte doch wohl wissen, welchen Schaden ein Buch anrichten kann, das hundert Taler kostet! Nie werden zwanzig Folianten eine Revolution bewirken. Die kleinen Taschenbücher zu dreißig Sous sind zu fürchten. Hätte das Evangelium zwölfhundert Sesterzen gekostet, die christliche Religion wäre nie gegründet worden.*[104]

Während die Enzyklopädisten in Paris um ihr Werk bangten, hatte der Großgrundbesitzer am Genfer See mit seinem eigenen Œuvre

Ärger genug. Es ging diesmal um das schon vor Jahren abgefaßte Manuskript der Verssatire auf die Jungfrau von Orléans. Er hatte eigentlich kein großes Interesse mehr daran, diese Burleske, die unter dem abgekürzten Titel *La Pucelle* (*Die Jungfrau*) kursierte, in Buchform herauszubringen. Es genügte ihm, daß seine Freunde Abschriften dieses Werkes besaßen, das er als eine Jugendsünde betrachtete. Auf Schloß Cirey und auch in Preußen hatte er gelegentlich zu seiner Ergötzung an der gereimten Historie weitergebastelt. Er wußte jedoch sehr genau, daß ihm viele die Witzeleien über eine Frau verübeln würden, die den Franzosen als Nationalheldin galt. Da er in der *Pucelle* auch keine wesentlich neuen religiösen und philosophischen Erkenntnisse zu verkünden hatte, hätte er das Manuskript am liebsten im Schreibtisch gelassen.

Er war erschrocken und entrüstet, als er 1755 erfuhr, die *Pucelle* sei als Buch erschienen. Als Druckort wurde zwar Löwen angegeben; aber wahrscheinlich hatte den Band irgendein Verleger in Frankfurt hergestellt, dort, wo Voltaire zwei Jahre zuvor soviel Unangenehmes widerfahren war. Nicht lange danach wurden zwei weitere Ausgaben in Holland veröffentlicht, und mehrere vom Autor nicht gebilligte, mehr oder weniger verfälschte Raubdrucke folgten in anderen Ländern. Gegen den Willen Voltaires wurde das Epos, oder genauer gesagt: die fragmentarische Fassung des noch nicht fertiggestellten Poems, ein Erfolg. Das an viel gewagtere Frivolitäten gewöhnte Literaturpublikum des Rokoko amüsierte sich über die kuriosen Abenteuer der *Pucelle*, deren Virginität der Autor so vielen Gefährdungen aussetzte. Vermutlich in Anlehnung an das liebestüchtige Grautier aus dem Roman des Apulejus ließ Voltaire sogar einen Esel seine Verführungskünste an der Jungfrau erproben. Dies wurde natürlich von allen, die der *Pucelle* das Hauptverdienst am Widerstand der Franzosen gegen die Invasion der Engländer im Hundertjährigen Krieg gaben, als arge Blasphemie und Geschmacklosigkeit empfunden.

Die mehr oder weniger entstellten Fassungen der Raubdrucke der *Pucelle* versetzten Voltaire in Rage. Da alle Dementis und Proteste nichts nutzten und Voltaire nicht leugnen konnte, den größten Teil der ihm zugeschriebenen Reimereien verfaßt zu haben, entschloß er sich zu einer völligen Überarbeitung. Aber erst sieben Jahre nach dem Erscheinen der Frankfurter Fassung, 1762, veröffentlichten die Genfer Verleger Voltaires, die Gebrüder Cramer, die vom Autor anerkannte und revidierte Ausgabe.

Das skandalöse Aufsehen, das die Raubdrucke der *Pucelle* erregten, kam Voltaire besonders ungelegen, weil er in diesen Jahren gerade ein durchaus seriöses Werk herausbrachte. Es handelte sich dabei um vier gewichtige Bände mit dem Titel *Versuch über die Sitten und den Geist der Nationen und über die vornehmsten Tatsachen der Geschichte von Karl dem Großen bis zu Ludwig XIII.* Bereits vor mehr als ein Dutzend Jahren hatte er mit der Arbeit an diesem umfangreichsten seiner historischen Werke begonnen.

In dem bescheiden nur Essay, also Versuch, genannten Monumentalwerk berichtete Voltaire, wie schon der programmatische Titel ankündigte, mehr über den «Geist der Nationen», über die ideellen und kulturellen Leistungen der Völker, als über Kriege, diplomatische Aktionen und höfische Begebenheiten. Man hat Voltaire daher den ersten Kulturhistoriker und den ersten genannt, der mit seinem

Begriff der *histoire universelle* [der Universalgeschichte] der Weltgeschichtsschreibung der folgenden Jahrhunderte ihr Ziel wies. Er hat auch das Verdienst, auf die welthistorische Bedeutung der großen Völker Asiens, der Inder, Chinesen und Japaner, hingewiesen zu haben, von deren Leistungen die Europäer damals nur sehr verschwommene Vorstellungen hatten. In der Weite des Überblicks und in der Universalität der Themen lassen sich im 18. Jahrhundert höchstens noch Herders «Ideen zur Philosophie der Geschichte der Menschheit» mit Voltaires Werk vergleichen.

Gleich nach Erscheinen des Essays begann der Dreiundsechzigjährige die Arbeit an einem weiteren umfangreichen Geschichtswerk. Mit Unterstützung des Zarenhofes und russischer Diplomaten, die ihm den Zugang zu Petersburger Quellen vermittelten, trug er das Material zu der *Geschichte des russischen Reiches unter Peter dem Großen* zusammen. Sie war das Pendant zu seinem Jugendwerk über den Hauptgegner des Zaren, Karl XII. von Schweden. Der Reformer-Zar war Voltaire bei aller Rücksichtslosigkeit der Methoden, mit der er sein Volk zu Arbeit und Kultur zwang, sympathischer als der schwedische Kriegsmann.

Nach den Werken über den russischen und schwedischen Herrscher und dem Buch über Ludwig XIV. fehlte in Voltaires Porträtgalerie der bedeutenden europäischen Monarchen eigentlich nur noch Friedrich II. von Preußen, der Fürst, den er von allen am genausten aus eigener Erfahrung kannte. Selbst Voltaires vertrauteste Freunde wußten nicht, daß er zur gleichen Zeit, in der er das etwas trockene und umständliche Zarenbuch schrieb, an seiner amüsantesten Historie arbeitete. In den Jahren 1758 bis 1760 entstand ganz insgeheim ein Manuskript mit dem unverfänglichen Titel *Memoiren aus dem Leben des Herrn von Voltaire*. Die *Memoiren* verbanden eine etwas sprung- und lückenhafte Darstellung seiner diffizilen Beziehungen zu Friedrich mit einer Charakteristik des Königs, die nichts an Bosheit zu wünschen übrigließ. Voltaire bekam anscheinend Angst vor seinem eigenen Mut und überantwortete das Manuskript eigenhändig dem Feuer. Aber zwei Abschriften blieben erhalten und wurden 1784 – sechs Jahre nach dem Tode des Autors – veröffentlicht.

Man spürt den *Memoiren* an, daß sie während des Siebenjährigen Krieges entstanden sind, zu einer Zeit, in der Voltaire an Friedrich besonders viel auszusetzen hatte. Er schätzte den «Philosophen von Sanssouci» mehr als den Kriegshelden Friedrich. Aber auch den Franzosen nahm er es übel, daß sie sich in die Kriegswirren verwikkeln ließen. In dieser Stimmung fügte er an einem Novembertag des Jahres 1759 seinen Erinnerungen einen Nachtrag an. *Ich habe an meinen Memoiren nicht weitergeschrieben, weil ich dies für unnütz*

*Voltaire am Schreibtisch. Gemälde von John Bowles*

*hielt,* notierte er. *Aber vieles veranlaßt mich zur Wiederaufnahme der lächerlichen Beschäftigung, zu mir über mich selbst zu sprechen. Ich höre viel von Freiheit reden, aber ich glaube nicht, daß in Europa außer mir noch ein Privatmann lebt, der sich soviel Freiheit gesichert hat, wie ich es tat. Möge meinem Beispiel folgen, wer dies will und vermag. Indem ich mir fern von Paris Freiheit und Ruhe suchte, habe ich eine Wahl getroffen, die sich im Augenblick besonders günstig auswirkt. Da ich nun mal nicht imstande war, die Menschen vernünftiger zu machen, war ich lieber fern von ihnen glücklich. Allerdings schäme ich mich beinahe, es zu sein, wenn ich von meinem Hafen aus das allgemeine Unwetter betrachte: ich sehe Deutschland im Blute schwimmen, Frankreich völlig ruiniert, unsere Armeen, unsere Flotten geschlagen, unsere Minister einen nach dem andern des Amtes enthoben, ohne daß sich deshalb unsere Angelegenheiten zum Besseren wenden.*[105]

Im selben Jahr 1759, in dem Voltaire im sicheren Hafen seiner Villa Les Délices über die Unvernunft seiner Zeitgenossen meditierte, ließ er in Genf den Roman *Candide oder der Optimismus* erscheinen. Er hielt das Erzählen solcher Geschichten für eine ebenso *lächerliche Beschäftigung* wie die Abfassung seiner Memoiren. Zunächst leugnete er sogar, der Verfasser zu sein, und ließ *Candide* als eine Übersetzung *nach dem Deutschen des Herrn Dr. Ralph* in die Welt hinausgehen. Hugo Friedrich weist in der Neuausgabe des Romans darauf hin, daß Voltaires «dichterischer Ehrgeiz» seinen im 18. Jahrhundert vielgerühmten Dramen und Epen galt. «Aber sie haben sich als der sterblichste Teil seines Werkes erwiesen», stellt der bekannte Romanist fest. «Nur einige Verse daraus sind am Leben geblieben ... Doch sein weltliterarischer Erfolg beruht auf seiner Prosa.»[106] Und von allen Prosawerken Voltaires hatte *Candide* bei den Zeitgenossen und der Nachwelt zweifellos den größten Erfolg, besonders beim deutschen Publikum. Es gibt an die zwanzig Übertragungen des Romans ins Deutsche. Der Philosoph des Pessimismus, Arthur Schopenhauer, der ebenso wie Voltaire die optimistische Weltdeutung von Leibniz ablehnte, erklärt sarkastisch, er könne der «Theodizee» dieses Denkers, «dieser methodischen Entfaltung des Optimismus, in solcher Eigenschaft, kein anderes Verdienst zugestehen, als dieses, daß sie später Anlaß gegeben hat zum unsterblichen *Candide* des großen Voltaire; wodurch freilich Leibnizens so oft wiederholte, lahme Exküse für die Übel der Welt, daß nämlich das Schlechte bisweilen das Gute herbeiführt, einen ihm unerwarteten Beleg erhalten hat»[107].

Der «Leibniz» in Voltaires Roman ist *Doktor Pangloss, Lehrer der Metaphysico-theologo-cosmolonigologie. Es ist bewiesen, sagte er, daß die Dinge nicht anders beschaffen sein können. Sintemalen nämlich alles zu einem Zweck geschaffen ist, dient alles notwendigerweise dem besten Zweck. Beachtet wohl, daß die Nasen zum Brillentragen gemacht sind; drum haben wir Brillen. Die Beine sind sichtbarlich zum Schuheanziehen eingerichtet; und so tragen wir denn Schuh' und Strümpfe ... da die Schweine geschaffen sind, um verzehrt zu werden, so essen wir Schweinefleisch das ganze Jahr durch.*[108] Als *Candide* in dieser besten aller möglichen Welten ein Mißgeschick nach dem andern widerfährt, versichert ihm Pangloss: *Alles das war unerläßlich ... die Mißgeschicke der Privatleute machen das allgemeine Wohl aus, dergestalt daß, je mehr privates Mißgeschick vorkommt, alles desto besser in Ordnung ist.*[109] Und die ganze Misere des Siebenjährigen Krieges, den der Autor des *Candide* so lebhaft verurteilte, spiegelt sich in der Feststellung wider: *Eine Million Meuchelmörder in Reih und Glied, die von einem Ende Europas zum andern jagt, treibt Mord und Straßenraub mit Disziplin zum Broterwerb, weil es kein ehrenvolleres Handwerk gibt.*[110] Auf kein zweites Werk Voltaires trifft wohl mehr Kurt Tucholskys Wort zu: «Der Satiriker ist ein gekränkter Idealist: er will die Welt gut haben, sie ist schlecht, und nun rennt er gegen das Schlechte an.»[111]

Voltaire hat nach *Candide* noch mehr als ein Dutzend Romane und Erzählungen geschrieben, darunter so geistreiche Kabinettstücke wie *Die Prinzessin von Babylon* und *Das Naturkind.* Aber die Geschlossenheit, satirische Schärfe und Gedankenklarheit jener Hundert-Seiten-Geschichte hat er nicht mehr erreicht. Während der Erzähler Voltaire mit *Candide* sein Meisterwerk schuf, gelang dem Denker fünf Jahre später im *Philosophischen Wörterbuch* die präziseste Zusammenfassung seiner Ideen. Das *Dictionnaire philosophique portatif* (*Philosophisches Taschenwörterbuch*), wie es mit seinem vollständigen Titel lautet – war sozusagen Voltaires private Enzyklopädie. Ähnlich wie in dem großen Lexikon, dessen Mitarbeiter Voltaire war, werden in alphabetischer Reihenfolge alle Begriffe erläutert, deren Klärung Voltaire wichtig erschien. Die Diktion ist kurz, klar, oft von ironischer Paradoxie. Man hat dem Philosophen Voltaire Mangel an Originalität, Tiefe und systematischem Aufbau seiner Gedanken vorgeworfen – Vorwürfe, wie sie auch gegen Voltaires Vorbild Cicero erhoben werden. Nun, Voltaire hatte nie den Ehrgeiz, ein eigenes philosophisches System zu errichten. Er hat stets zugegeben, Eklektiker zu sein, und bedenkenlos entnahm er den Schriften anderer die Ideen, die ihm vernünftig und seinen Zwecken adäquat erschienen. Aber der Eklektizismus des *Philosophischen Wörterbuchs* hatte in jedem Fall so viel Wirkung und Kraft, daß er die Zeitgenossen faszinierte. Allein in den ersten zwei Jahren nach Erscheinen ka-

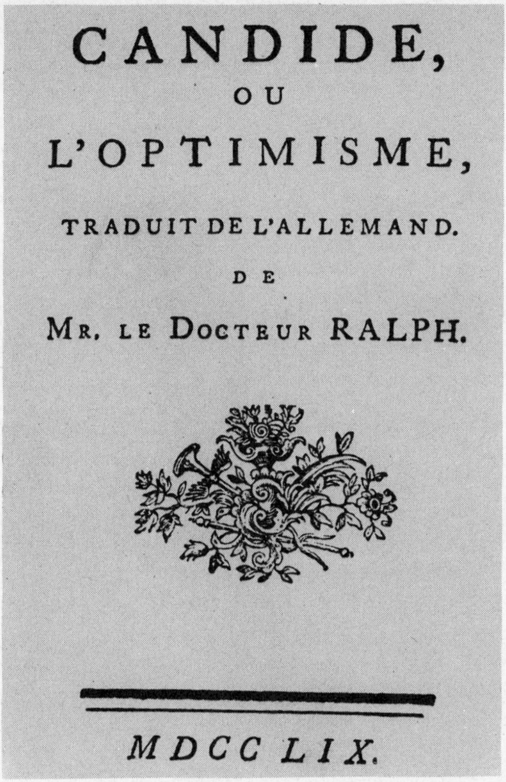
CANDIDE,

OU

L'OPTIMISME,

TRADUIT DE L'ALLEMAND.

DE

MR. LE DOCTEUR RALPH.

MDCC LIX.

*Titelblatt der Erstausgabe des «Candide»*

men siebzehn Auflagen des *Philosophischen Wörterbuchs* heraus. Von der zweiten Auflage wurden in acht Tagen 4000 Exemplare abgesetzt, eine für die Zeit Voltaires sensationelle Zahl.

Dabei waren Kauf und Lektüre des *Philosophischen Wörterbuchs* eine riskante Angelegenheit, denn in den Augen der Fanatiker beider Konfessionen galt es als verwerfliches, streng verbotenes Buch. Gleich nach Erscheinen wurde es im calvinistischen Genf vom Henker verbrannt. Im katholischen Frankreich erließ schon im Frühjahr 1765 das Parlament ein förmliches Verdammungsurteil. Voltaire sah voraus, daß sein philosophisches Bekenntnis für ihn unangenehme Folgen haben könnte. Daher tarnte er das Unternehmen besonders sorgfältig. Als Erscheinungsort des in Genf gedruckten Buches wurde London genannt. Voltaire gab es anonym heraus und leugnete in Briefen heftig, der Verfasser zu sein. *In der Tat habe ich das verteufelte Dictionnaire gelesen,* schrieb er an d'Alembert nach Paris.

*Illustration zu «Candide». Stich von E. Henne nach Chodowiecki*

*Es hat mich ebenso wie Sie erschreckt. Aber mein größter Kummer ist der, daß es Christen gibt, die mich in Verdacht haben, der Autor eines so unchristlichen Werkes zu sein. Ach, wie schwer fiel es mir, auch nur ein Exemplar des Buches zu bekommen.*[112] Die Dementis, die er geflissentlich verbreitete, nützten ihm nicht viel. Alle Kenner seines Stils wußten, wer aus dem *Philosophischen Wörterbuch* zu ihnen sprach. In unverwechselbarer Diktion wurden da all die Themen abgehandelt, die Voltaire seit den Tagen der *Henriade* am Herzen lagen: Toleranz und Fanatismus, Gott, Vernunft und Seele, das

*Stich von J. Moreau zum «Candide»*

Gute und das Böse in der Welt. Mit ähnlichem Sarkasmus wie in *Candide* wetterte Voltaire gegen die optimistische Deutung des Weltgeschehens bei Leibniz, Pope und Shaftesbury: *Finden Sie nicht auch eine große Schmerzlinderung in dem Rezept des Lord Shaftesbury, Gott werde wegen eines so erbärmlichen Tieres, wie es der Mensch ist, doch nicht seine ewigen Gesetze durchbrechen? Das eine muß man doch zugeben, daß dieses elende Tier das Recht hat, ganz bescheiden zu schreien, und zu verstehen versucht, warum diese ewigen Gesetze nicht so sind, daß jedes Individuum sich dabei wohl be-*

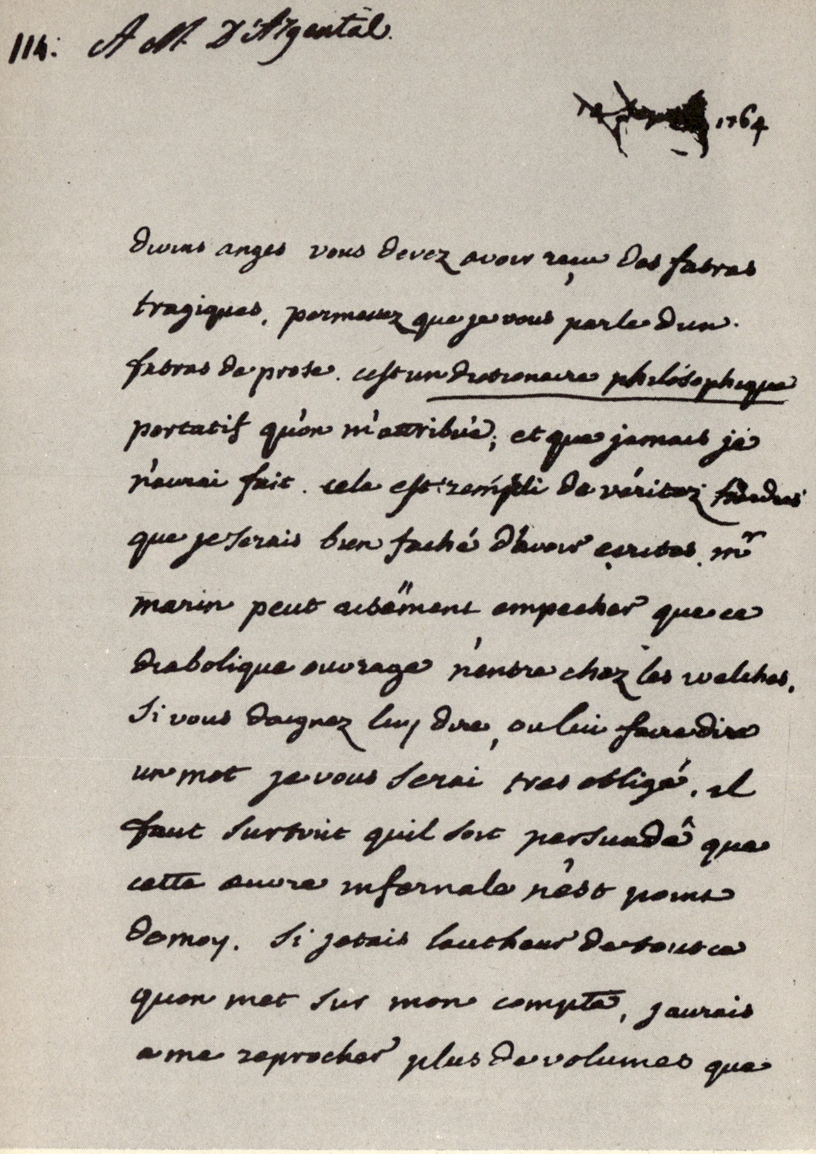
114. A M. d'Argental.

1764

divins anges vous devez avoir reçu des fatras
tragiques. permettez que je vous parle d'un
fatras de prose. c'est un dictionaire philosophique
portatif qu'on m'attribue; et que jamais je
n'aurai fait. cela est rempli de véritez hardies
que je serais bien faché d'avoir écrites. mr
marin peut aisément empecher que ce
diabolique ouvrage n'entre chez les welches.
si vous daignez luy dire, ou luy faire dire
un mot je vous serai tres obligé. il
faut surtout qu'il soit persuadé que
cette œuvre infernale n'est point
de moy. si j'etais l'autheur de tout ce
qu'on met sur mon compte, j'aurais
a me reprocher plus de volumes que

*Ein Brief Voltaires, in dem er leugnet, der Verfasser des «Philosophischen Wörterbuchs» zu sein finden kann. Dieses System des «Alles ist gut» stellt den Schöpfer der Natur als einen mächtigen und bösen König dar, dem es gleichgültig ist, ob vier- oder fünfhunderttausend Menschen ums Leben kommen und ob die anderen ihre Tage in Not und Tränen dahinschleppen.*[113]

Voltaire, der seinen Freunden manchmal ironisch erklärte, wenn es keinen Gott gäbe, müßte man ihn erfinden, nahm in der Gottesfrage den Standpunkt des Agnostizismus ein. Einer kurz nach dem *Philosophischen Wörterbuch* entstandenen Schrift gab er den bezeichnenden Titel *Der unwissende Philosoph*, und im *Philosophischen Wörterbuch* explizierte er in Form von Frage und Antwort: *Ist Gott an einem Ort oder außerhalb aller Orte oder zugleich an allen Orten? Ich weiß es nicht. Ist er körperlicher oder geistiger Natur? Woher soll ich das wissen?*[114]

Als vorsichtiger Agnostiker gab Voltaire sich auch bei der Erörterung der Frage, ob der Mensch eine unkörperliche und unsterbliche Seele habe: *Das wäre etwas Schönes, wenn man seine Seele sehen könnte. «Erkenne dich selbst» ist ein ausgezeichneter Rat. Aber nur Gott könnte ihn in die Tat umsetzen. Wir nennen Seele, was beseelt ist. Mehr wissen wir nicht von diesen Dingen, weil unsere Intelligenz ihre Grenzen hat. Drei Viertel der Menschheit lassen es dabei bewenden; das letzte Viertel ist auf der Suche; niemand hat gefunden oder wird je finden.*[115]

Er griff die Lieblingsideen seiner Jugend über Toleranz und Fanatismus auf, und noch viel offener als in der *Henriade* nannte er im *Philosophischen Wörterbuch die Bartholomäusnacht das verwerflichste Beispiel für den Fanatismus*[116]. Er beklagte, daß die Religion so *oft durch diese teuflische Raserei verdorben wurde, diese epidemische Krankheit, gegen die es kein anderes Heilmittel gibt als den Geist der Philosophie*[117]. Und in einem Brief an d'Alembert im Erscheinungsjahr des *Philosophischen Wörterbuchs* äußerte sich der sonst so Skeptische geradezu optimistisch: *Eine neue Generation, die den Fanatismus verabscheut, ist im Werden. Einst werden Philosophen die ersten Stellen einnehmen. Das Reich der Vernunft wird schon vorbereitet.*[118]

Der Glaube an das in naher Zukunft bevorstehende *Reich der Vernunft*, in dem die *Philosophen die ersten Stellen einnehmen* werden, ist für den Rationalisten Voltaire ebenso typisch wie für seine Gefährten von der «Enzyklopädie» und die meisten anderen Repräsentanten der Aufklärung. Obwohl Voltaire in England und in der Schweiz die Vorzüge republikanischer und parlamentarischer Institutionen kennenlernte, lebte er seltsamerweise in der Erwartung, daß dieses Reich der Vernunft und Gerechtigkeit vor allem durch aufgeklärte Fürsten, durch *Fürst-Philosophen* verwirklicht werden könnte. Trotz seiner Enttäuschungen mit dem *Fürst-Philosophen* von Preußen behielt er bis an sein Lebensende den Glauben an den seltenen Glücksfall eines zugleich mächtigen, gerechten und toleranten Monarchen. Karl Vorländer wirft daher Voltaire vor, daß sich «in der Politik die Oberflächlichkeit seines Liberalismus sehr deutlich» zeige. «Denn er erwartet», so bemerkt Vorländer in seiner Analyse der Aufklärungsphilosophie, «das Geschenk der Freiheit und Gleichheit vom aufgeklärten Despoten. Das Volk hat zur Selbstbildung weder Zeit noch Fähigkeit.»[119]

Trotz aller Kritik an einzelnen Monarchen, mit denen er schlechte Erfahrungen gemacht hatte, war und blieb Voltaire zeitlebens Monarchist. Es ist bezeichnend, daß er sich über den Fanatismus und die Intoleranz der Kirche stets mehr erregt hat als über den Ehrgeiz und die Machtgier der Fürsten und Staatsmänner. In seinen Schriften wies er mehr auf die negativen als auf die positiven Folgen der Einführung des Christentums hin: auf die Religionskriege, die Verfolgung Andersdenkender, die Untaten der Inquisition. Auf Grund seiner Erfahrungen als Autor vieler Schriften, die an den Institutionen und Dogmen der katholischen Kirche Kritik übten, hielt er insbesondere die Buchzensur für eine moderne Form der Inquisition. Er war der Ansicht, daß in erster Linie engherzige Klerikale und dem Klerus ergebene Beamte an den Maßnahmen gegen seine Schriften schuld seien.

Man hat Voltaire vorgeworfen, daß er den Einfluß der Geistlichkeit und ihrer Anhänger auf die Buchzensur und die Politik überhaupt stark überschätzt habe. Der Antiklerikalismus entwickelte sich besonders im alten Voltaire zur fixen Idee. Paul Hazard meint in seinem grundlegenden Buch über die Aufklärung: «Für die Tatsache, daß im 18. Jahrhundert ein Geschlecht von Menschen geboren wurde und sich dann fortpflanzte, das als geistige Nahrung nur den Antiklerikalismus hatte und diesen zu seinem einzigen Programm machte; ein Geschlecht, das glaubte, daß der Antiklerikalismus genüge, die Regierungen umzuschmelzen, die Gesellschaft vollkommen zu machen und zum Glück zu führen: für diese Tatsache sind viele verantwortlich. Aber keiner ist dafür in dem Maße verantwortlich wie Voltaire.»[120]

In den Jahren der Entstehung des *Philosophischen Wörterbuchs* prägte er das antiklerikale Schlagwort, das so populär wurde, daß es in die meisten Sammlungen «Geflügelter Worte» einging: *Écrasez l'infâme. Zermalmt, zertretet, vernichtet die Unverschämte, Verruchte, Schändliche* oder ähnlich könnte man diese vieldeutigen Worte übersetzen. Voltaire war vor allem wegen der Kontrolle, der seine

Post unterlag, daran gelegen, daß sein Appell vieldeutig und unklar blieb. Oft kürzte er ihn ab und schrieb dann *Écr. l'inf...* oder *Ecrlinf.* Immer wieder streute er in Briefe an d'Alembert, Friedrich II. und andere Vertraute die mehr oder weniger verstümmelte Geheimformel ein. «Die *Infâme*», deutet Victor Klemperer Voltaires Signum, «ist nicht die Religion an sich, er selber ist niemals Atheist gewesen, sondern die Kirche als weltliche Institution und weltliche Macht, die sich dem Patriarchen von Ferney unmittelbar in der französischen Gesetzgebung vor Augen stellt.»[121]

Voltaires Kampf gegen die Fehlurteile und Mißstände der Justiz hat ihm bei seinen Zeitgenossen vielleicht noch mehr Ruhm und Ansehen gebracht als seine sonstige schriftstellerische Aktivität. Im 18. Jahrhundert, in dem die meisten Franzosen nicht lesen und schreiben konnten, erreichten literarische Veröffentlichungen nur die relativ kleine Oberschicht der Gebildeten. Die Justizskandale um Calas und Sirven dagegen erregten alle Franzosen. Als Voltaire wenige Wochen vor seinem Tode durch die Straßen von Paris fuhr, feierte ihn das Volk nicht so sehr als den Verfasser erfolggekrönter Schauspiele. Die Menge umdrängte die Kutsche und rief: «Hoch lebe Monsieur de Voltaire, der Verteidiger der Unglücklichen, der Befreier der Familien Calas und Sirven!»

Für einen Mann, der auf französischem Territorium soviel Besitz hatte wie der Schloßherr von Ferney, gehörte allerdings recht viel Mut und Opferbereitschaft dazu, in die berühmtesten Prozesse der Zeit einzugreifen. Immerhin war Voltaire ein Mann, der selbst ständig befürchten mußte, wegen seiner Schriften vor Gericht gestellt zu werden. Trotzdem setzte er sich unermüdlich in mehr als einem halben Dutzend Prozessen jahrelang mit Anträgen an die Gerichte, Denkschriften, Flugblättern und insbesondere mit Briefen an einflußreiche Personen des Hofes und der Behörden für die Verurteilten ein. Die juristischen Kenntnisse, die sich der junge Voltaire als Student der Rechte und Advokatengehilfe erworben hatte, kamen dem alten Voltaire und seinen Schützlingen zugute.

Jean Calas, ein hugenottischer Kaufmann aus Toulouse, wurde wegen Ermordung seines Sohnes zum Tode verurteilt und hingerichtet. Der Protestant Calas, so behaupteten die Ankläger, habe seinen Sohn erwürgt, weil er seinen Übertritt zur katholischen Kirche nicht dulden wollte. Bei dem Revisionsverfahren stellte es sich heraus, daß der Sohn von Calas Selbstmord durch Erhängen verübt hatte. Die Richter hatten sich durch das unzutreffende Gutachten eines Arztes und vor allem durch ihre Voreingenommenheit gegen die protestantische Minderheit in Toulouse zu dem Fehlurteil verleiten lassen. Voltaire erreichte durch Petitionen, Briefe und besonders durch den berühmten *Traktat über die Toleranz aus Anlaß des Todes von Jean Calas* eine Überprüfung des Urteils durch das höchste französische Gericht. Der Schuldspruch der Toulouser Richter wurde, leider erst drei Jahre nach der Hinrichtung des Verurteilten, durch den königlichen Gerichtshof in Paris für nichtig erklärt. Die Hinterbliebenen erhielten sogar eine Entschädigung von 36 000 Livres.

Im Schlußgebet des durch den Prozeß Calas angeregten *Traktats* zeigte Voltaire, an welcher Art von Gottesglauben ihm gelegen war. *Ich wende mich nicht mehr an die Menschen, sondern an Dich, Gott aller Wesen, aller Welten und aller Zeiten,* heißt es in diesem Bekenntnis des Anwalts der Humanität. *Du hast uns kein Herz gegeben, damit wir uns hassen, und nicht Hände, um uns umzubringen. Gib, daß wir einander helfen, damit wir die Last eines elenden und flüchtigen Lebens ertragen können. Mögen sich alle Menschen erinnern, daß sie Brüder sind! Mögen sie die Tyrannei über die Seelen verabscheuen! Wenn schon die Geißel des Krieges unvermeidlich ist, so laßt uns wenigstens im Frieden nicht einander hassen und peinigen!* [122]

Große Ähnlichkeit mit dem Fall Calas hatte die Justizaffäre um die Sirvens, eine andere Hugenottenfamilie aus der Gegend von Toulouse. In diesem Fall wurden die Angehörigen beschuldigt, ihre Tochter ermordet zu haben, weil sie katholisch werden wollte. Das sensible Mädchen hatte sich in einem Anfall geistiger Verwirrung in einem Brunnen ertränkt. Aber wie sollten die Sirvens das dem Gericht beweisen? Sie entschlossen sich zur Flucht und begaben sich in die Schweiz zu Voltaire, dessen Name den Sirvens durch seine Unterstützung der Familie Calas wohlbekannt war. Voltaire unterstützte zunächst die Familie finanziell, da sie durch ihre überstürzte Flucht keine Geldmittel hatte. Dann besorgte er den Sirvens einen Anwalt und setzte in einem langwierigen Prozeß die Aufhebung der Anklage durch.

Sartre meint einmal, es sei «die Pflicht des Schriftstellers, gegen alle Ungerechtigkeiten Partei zu ergreifen, woher diese auch kommen mögen»[123]. Voltaire hat wie kein zweiter Schriftsteller des 18. Jahrhunderts diese mitunter sehr riskante Pflicht erfüllt. Zuweilen entfuhren ihm Geständnisse der Verzweiflung wie jener erschütternde Brief an seinen Gefährten d'Alembert: *Ich verstehe nicht, wie denkende Menschen in einem Land voller Affen leben können, die so oft zu Tigern werden. Nun ist es vorbei mit dem Lustigsein. Witze passen nicht zu Massakern. Hier ist Calas gerädert worden; nicht weit davon erstickt ein Generalleutnant an einem Knebel im Mund; und zwei Wochen später werden zwei junge Menschen zum Tode auf dem Scheiterhaufen verurteilt um einiger Streiche willen, für die ein paar Monate Gefängnis Sühne genug gewesen wären. Sind wir noch das Land der Philosophie und der freundlichen Sitten? Wir sind das Land der Bartholomäusnacht.*[124]

Nicht nur in den Fällen Calas und Sirven, sondern auch in mehreren weniger bekannten Rechtsaffären konnte Voltaire mit Erfolg als Fürsprecher für die Verfolgten einer Justiz eintreten, die immer noch mit den mittelalterlichen Methoden der Folter und der Todesstrafe für recht geringfügige Vergehen arbeitete. Manchmal resignierte allerdings auch er und schrieb dann bitter an seine Pariser Freunde, er könne beim besten Willen nicht *der Don Quijote aller Geräderten und Gehängten* sein: *Wohin ich blicke: nichts als barbarische Ungerechtigkeiten.*[125]

Während Voltaire sich durch seinen resoluten Kampf gegen die Mißgriffe der Justiz viel Ansehen und Popularität erwarb, trugen ihm seine häufigen Dispute mit Zunftkollegen mehr Feinde als Freunde ein. Seine nervöse Reizbarkeit und leicht zu kränkende Eitelkeit verführten ihn mitunter zu Angriffen, die bei seinen Zeitgenossen Befremden erregten. Selbst Friedrich II., der in literarischen Diskussionen Bosheit und satirische Schärfe schätzte, beschwerte sich in einem Brief an d'Alembert über einen «furchtbaren Ausfall gegen Maupertuis» in Voltaires *Enzyklopädischen Fragen.* «Es liegt etwas so Niedriges darin, Verstorbene anzuschwärzen», meinte der König. «Es ist so entehrend, das Andenken verdienstvoller Männer anzuschwärzen. Dieses Verfahren zeigt eine unversöhnliche, grausame Rachsucht. Gütiger Gott, wie kann soviel Geist mit soviel Schlechtigkeit gepaart sein! Sie, der Sie so gutmütig sind, sollten Voltaire über dieses Benehmen Vorstellungen machen, das ihm mehr Schande bringt als Maupertuis. Man wird es überdrüssig, in seinen Werken bei jeder Gelegenheit Maupertuis, den Abbé Desfontaines, Fréron, Le Franc de Pompignan und Chaumeix wiederzufinden. So oft wiederholte Schmähungen ekeln den Leser an und zeigen das Innere von Voltaires Seele in zu deutlicher Blöße.»[126]

Der wegen der Auslassungen des alten Voltaire gegen seinen verstorbenen Akademiepräsidenten gereizte Monarch sah nur die eine Seite der Angelegenheit. Er konnte sich anscheinend nicht recht vorstellen, wie vielen maliziösen Kritiken, wie vielen oft sehr ungerechten Verleumdungen Frankreichs bekanntester Schriftsteller ausgesetzt war. In einem Brief an denselben d'Alembert, bei dem Friedrich sich beklagt, schrieb Voltaire: *Ich könnte eine ganze Bibliothek der Schmähungen anlegen, mit denen man mich überhäuft hat. Ich war ganz allein, ohne Verteidiger, ohne Beistand, den wilden Tieren ausgeliefert wie die ersten Christen.*[127]

Es steht fest, daß mehrere Pariser Schriftsteller und Kritiker nicht so sehr durch ihre eigenen Werke, sondern unter dem dubiosen Kennwort «Gegner Voltaires» in die Literaturgeschichte eingegangen sind. Bei den von Friedrich erwähnten Autoren Fréron und Desfontaines handelt es sich um solche Leute. Sie haben Voltaire jahrzehntelang mit ungerechten Kritiken und zuweilen auch mit Verleumdungen verfolgt, welche den von den Behörden beargwöhnten Autor leicht in die Bastille bringen konnten. Sie brachten Voltaire manchmal ebenso in Bedrängnis wie gewisse Verleger, die unter dem berühmten Namen Schriften publizierten, die gar nicht von Voltaire stammten. Theodore Besterman schildert die schwierige Situation, in der sich der Autor befand: «Voltaire ist oft angeklagt worden, daß er gegen Kritiken zu empfindlich war. Was seine Haltung gegenüber den Desfontaines und den Raubverlegern betrifft, so darf man Voltaire nicht nach den Maßstäben des 20. Jahrhunderts beurteilen. Es gab in seiner Epoche kein oder fast gar kein Autorenrecht. Jeder Verleger konnte Ausgaben seiner Werke veranstalten, und mochten sie auch von Irrtümern strotzen, und dies ist nicht nur zwei- oder dreimal, sondern bei Hunderten von Voltaire-Editionen geschehen. Jeder Beliebige konnte seinen Namen oder seinen berühmten Anfangsbuchstaben stehlen und damit die anstößigsten und sensationellsten Veröffentlichungen decken. Im übrigen war die Verleumdung noch kein juristischer Begriff. Man sagte oder druckte, was man wollte, gegen einen Mann, von dem man wußte, daß er bei Hofe in Ungnade stand und den größten Teil seines Lebens fern von Paris verbrachte. Voltaire, während eines halben Jahrhunderts der berühmteste Mann Europas, mußte das alles ertragen.»[128]

Voltaire neigte zu Selbstironie, zu sarkastischer Selbstbetrachtung, und auch im Umgang mit Berufskollegen gehörten Ironie, Sarkasmus und Spott zu seiner geistigen Vitalität. Diese Eigenschaften vermehrten zweifellos die Zahl seiner Feinde. Aber er hatte auch manchen Freund unter den Männern der Literatur. In Voltaires Verhältnis zu den Gefährten von der «Enzyklopädie», insbesondere zu d'Alembert und Diderot, gab es keine nennenswerten Konflikte. Mit dem geistesverwandten Meister des Aphorismus, dem Marquis de Vauvenargues, verband ihn eine herzliche Freundschaft. Voltaire hat nicht nur durch sein literarisches Ansehen das Prestige des Schriftstellerberufs im allgemeinen gehoben. Er hat auch jüngeren Autoren durch nützlichen Rat geholfen und sie manchmal Jahre hindurch mit Geld unterstützt.

Von allen Beziehungen Voltaires zu seinen Berufskollegen wird die zu Jean-Jacques Rousseau in der Literaturgeschichte am ausführlichsten erörtert. Nicht ganz ohne Berechtigung gelten die beiden als die Antipoden des französischen Geisteslebens des 18. Jahrhunderts.

*Jean-Jacques Rousseau. Schabkunstblatt von Martin nach Ramsey*

Der Sohn eines armen Genfer Uhrmachers und der Nachkomme wohlhabender Großbürger waren als Menschen und Denker so gegensätzlich, daß es zwischen ihnen nie zu fruchtbarem Gedankenaustausch kommen konnte wie etwa zwischen Goethe und Schiller. Die wenigen Briefe, die Voltaire und Rousseau wechselten, bezeugen die Unvereinbarkeit ihrer Charaktere und ideellen Standpunkte.

Auf die Zusendung der Schrift «Über den Ursprung der Ungleichheit zwischen den Menschen», in der Rousseau der gesellschaftlichen Entwicklung und der Kultur die Hauptschuld an den sozialen Gegensätzen und dem Elend der Menschheit gab, antwortete Voltaire mehr witzig als verständnisvoll: *Noch niemand hat soviel Geist verschwendet wie Sie, in dem Bestreben, uns wieder zu Bestien zu machen. Man bekommt richtig Lust, auf allen vieren zu gehen, wenn man Ihr Werk liest. Indessen habe ich diese Gewohnheit schon seit sechzig Jahren aufgegeben, und so ist es mir unmöglich, sie wieder aufzunehmen. Ich überlasse diese natürliche Gewohnheit denen, die ihrer mehr würdig sind als Sie und ich. Noch weniger ist es mir möglich, mich zu den Wilden Kanadas einzuschiffen; erstens weil meine Krankheiten mich zwingen, dem größten Arzt Europas nahe zu bleiben; zweitens herrscht in diesem Land Krieg, und auf Grund des Vorbildes unserer Nationen sind die Wilden jetzt ebenso bösartig wie wir. So muß ich mich damit begnügen, als friedlicher Wilder in meiner Einsamkeit zu verbleiben, die ich mir ganz in der Nähe Ihrer Vaterstadt ausgesucht habe.* Voltaire forderte seinen jungen Kollegen auf, er solle nach Genf kommen, *um sich in der heimischen Luft zu stärken. Sie sollten mit mir die Freiheit genießen, die Milch unserer Kühe trinken und das Gras unserer Wiesen abweiden.*[129]

Diese Einladung empfand Rousseau als Hohn und antwortete ebenso ironisch, was Voltaire angehe, so würde die Rückkehr zur Natur «ein zugleich so großes und schädliches Wunder sein, daß es nur Gott zukäme, es zu vollbringen, und nur dem Teufel, es zu wollen. Versuchen Sie also nicht, wieder auf vier Füßen zu gehen; nie-

*Von Voltaire geschriebene Briefadresse an Rousseau mit Genfer Poststempel*

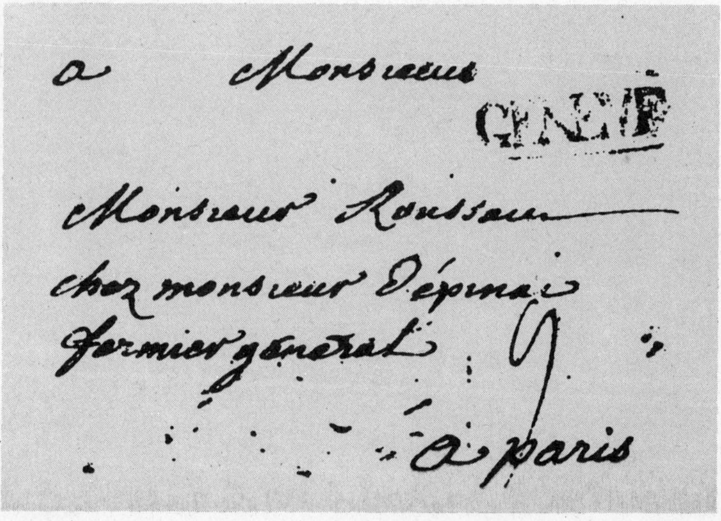

mandem in der Welt würde dies weniger gelingen als Ihnen. Der Geschmack an Literatur und Kunst entsteht bei einem Volk aus einer innerlichen Krankheit, die er noch vermehrt. So werden die Fortschritte des Geistes und der Kenntnisse, die unseren Stolz vermehren und unsere Irrtümer vervielfältigen, sehr bald unser Unglück beschleunigen. Ich würde ohne Zweifel glücklicher sein, wenn ich meiner ursprünglichen Bestimmung gefolgt wäre und weder gelesen noch geschrieben hätte.»[130]

Mit einem Mann, der solche Gedanken ganz ernsthaft vertrat, konnte Voltaire nicht viel anfangen. Das «Zurück zur Natur» Rousseaus, seine Verurteilung der Segnungen der Kultur, erschien ihm als Rückfall in den barbarischen Urzustand, als eine Konzession an die Primitivität und Unbildung der Analphabeten, die der Literat Voltaire verachtete und bemitleidete. Der Aufklärer Voltaire ließ sich nicht den Glauben nehmen, daß ein Fortschritt der Menschheit durch Bildung und Erziehung möglich und notwendig sei.

Kurz darauf kam es zum zweiten brieflichen Disput. Voltaire hatte in dem Gedicht über das Unglück von Lissabon die Ansicht vertreten, das Erdbeben des Jahres 1755, das 30 000 Menschen das Leben kostete, sei ein Beweis gegen die These, in der von Gott geschaffenen Welt sei alles gut und zweckmäßig geordnet. In einem langen Brief, den Rousseau auf Anregung von orthodoxen Genfer Pfarrern verfaßte, erklärte er dem erfolgreicheren, wohlhabenden Kollegen: «Gesättigt mit Ruhm leben Sie frei im Schoße des Überflusses; Ihrer Unsterblichkeit ganz gewiß philosophieren Sie ruhig über die Natur der Seele; wenn der Körper oder das Herz leidet, haben Sie Tronchin zum Arzt und Freund – und trotzdem finden Sie alles schlecht auf der Erde. Und ich, der unbekannte, arme und von einem unheilbaren Übel geplagte Mensch denke in meiner Einsamkeit mit Vergnügen nach und finde, daß alles gut ist. Woher kommen diese scheinbaren Widersprüche? Sie haben das selbst erklärt: Sie genießen, aber ich hoffe, und die Hoffnung verschönert alles.»[131]

Das war mehr ein Gefühlsausbruch als logische Beweisführung. Die Verherrlichung des Gefühls und der unberührten Natur, die Rousseau sodann in seinen Romanen und philosophischen Schriften fortsetzte, stieß bei Voltaire auf wenig Verständnis. Der Rationalist und der Irrationalist, der Kenner und Freund der Jahrtausende alten Kultur der Menschheit und der Verächter der Traditionen und Errungenschaften dieser Kultur standen sich unversöhnlich gegenüber.

Die Auseinandersetzung erreichte einen Höhepunkt, als Voltaire in Genf ein Theater einrichtete. Rousseau gebärdete sich als sittenstrengster aller Calvinisten, als rigoroser Gegner solcher «weltlichen Lustbarkeit». «Ich liebe Sie nicht, mein Herr», schrieb er in einem

Brief. «Sie haben Genf für das Asyl, das Sie dort fanden, ins Verderben gestürzt. Sie sind es, der mir den Aufenthalt in meiner Heimat unerträglich macht; durch Ihre Schuld werde ich auf fremder Erde sterben müssen. Man wird mich in die Grube eines Schindangers werfen, während Sie in meinem Lande alle Ehren bekleiden werden, die ein Mensch erwarten kann. Kurz, ich hasse Sie.»[132]

Nach dieser Deklamation erklärte Voltaire in einem Brief an d'Alembert, Rousseau sei *völlig wahnsinnig* geworden. Voltaire war zeitlebens nicht von der Überzeugung abzubringen, daß Rousseau ein bemitleidenswerter und zudem gefährlicher Narr sei. Als Rousseau ihn später in einer Satire als den Verfasser der kirchenfeindlichen *Predigt der Fünfzig* bezeichnete und dadurch in Gefahr brachte, sah Voltaire dies nur als eine Bestätigung seines Urteils an. Er hatte eher einen Blick für den pathologischen Charakter als für den geistigen Rang seines Antipoden.

## DER PATRIARCH VON FERNEY

Sowohl die gefährliche Indiskretion Rousseaus wie die alarmierenden Briefe aus Paris beunruhigten den über Siebzigjährigen. In diesen Briefen der Freunde wurde in mehr oder weniger versteckter Form angedeutet, es gebe in Paris Leute, die Voltaire für den Rest seines Lebens in die Bastille sperren wollten; der König selbst habe gesagt: «Kann man denn diesen Menschen nicht zum Schweigen bringen?» Wegen seiner Schriften und noch mehr wegen seiner Einmischung in Angelegenheiten der Justiz galt Voltaire bei vielen seiner Landsleute als der Unruhestifter par excellence. Einige Genfer Ratsherren waren gleichfalls nicht gut auf den Mann zu sprechen, der eine so sündhafte Passion für das Theater hatte und dubiose Bücher über religiöse Themen schrieb.

Aus welchen Gründen sowohl die Pariser wie die Genfer Behörden nichts Ernsthaftes gegen Voltaire unternahmen, wird immer etwas rätselhaft bleiben. Vermutlich hofften die für die Staatssicherheit verantwortlichen Beamten, der Alte von Ferney werde endlich einer der Krankheiten erliegen, von denen er so oft in seinen von der Zensur kontrollierten Briefen sprach. Vielleicht fürchtete man auch, ein Gerichtsverfahren oder gar eine Verhaftung könnten im Ausland peinliches Aufsehen erregen und die Regierung in Verruf bringen. Denn immerhin stand Voltaire in regem Briefwechsel mit dem König von Preußen, mit der russischen Zarin Katharina und anderen Fürstlichkeiten.

*Zarin Katharina II. die Große. Gemälde von Pietro Rotari, um 1760*

Sein schloßähnliches Haus in Ferney war allmählich ein Wallfahrtsort der literarisch Interessierten, der Freigeister und der aristokratischen Globetrotter Europas geworden. Voltaire hatte das vernachlässigte Gutshaus von Ferney zu einem feudalen Herrensitz mit Park und Privattheater ausgebaut. Nicht ohne Stolz bezeichnete er sich in einem Brief an die Marquise du Deffand als den *Herbergsvater Europas* und meldete seiner Freundin: *Ich habe drei- oder vierhundert Engländer bei mir zu Gast gehabt, die ihr Vaterland so sehr lieben, daß fast keiner sich nach der Abreise noch an mich erinnert hat. Ich habe auch französische Obersten mit allen ihren Offizieren einen Monat lang beherbergt; sie gehen so im Dienst für Ihren König auf, daß sie nicht Zeit fanden, mir oder Madame Denis noch einen Brief zu schreiben.*[133]

Unbekümmert um das Mißfallen des Versailler Hofes statteten die Herzöge von Villars und La Rochefoucauld Ferney Besuche ab, und Voltaires Jugendfreund, der Herzog von Richelieu, brachte sogar ein Gefolge von vierzig Personen mit. Ein Autor, der in seinem Hause so hochgeborene Männer empfing, durfte es anscheinend wagen, Schriften zu veröffentlichen, für die jeder andere in das Gefäng-

nis gewandert wäre. Es war eine sehr gemischte Gesellschaft, die bei Voltaire einkehrte. Außer den Spitzen der Aristokratie kamen seriöse Wissenschaftler wie der Engländer Edward Gibbon, der Geschichtsschreiber des alten Rom, aber zum Befremden der Genfer Gesellschaft auch Schauspieler aus Paris und undurchsichtige Existenzen wie der Venezianer Giacomo Casanova, der später seinen langen Besuch in Ferney in seinen Memoiren beschrieb. Er vergaß nicht zu erwähnen, Voltaire habe 120 000 Livres Rente pro Jahr und man esse bei ihm vorzüglich – «ein seltener Umstand bei den Brüdern Apollos».

*Tischgesellschaft bei Voltaire in Ferney (Voltaire, Abé Maury, Pater Adam, Condorcet, Diderot, La Harpe und d'Alembert). Unvollendeter Kupferstich von Jean Huber*

Der schottische Adlige James Boswell, der später durch die Lebensbeschreibung des Londoner Literaturpapstes Samuel Johnson zu Ruhm gelangte, berichtete ausführlich in seinem Reisetagebuch über seinen Aufenthalt bei Voltaire: «Wenn es je ein heftiges Streitgespräch zwischen zwei Menschen gab, dann war es das unsere. Er überschüttete mich mit Hohn und Spott und brachte mich so in Verwirrung. Wie ein Redner im alten Rom stand er da. Cicero war nie beschwingter, als er es war. Er sprach von der Verehrung, der Liebe, die er dem höchsten Wesen entgegenbringe. Er drückte den Wunsch aus, dem Urheber der Güte dadurch zu gleichen, daß er selber gut sei. Weiter begehrt er nicht zu denken. Über die Unsterblichkeit der Seele ereifert er sich nicht. Er sagt, vielleicht gebe es eine solche, aber er wisse da nicht Bescheid.»[134]

«Keinen Geist zu zeigen, war das Beste, was ich bei Herrn von Voltaire tun konnte», heißt es in einem anderen berühmten Bericht über Ferney, in den Aufzeichnungen des österreichischen Marschalls Fürst von Ligne. «Ich sprach zu ihm nur, um ihn zum Reden zu bringen. Ich lachte oder bewunderte, ich war in einem ständigen Rausch. Es war die Zeit, wo er am meisten gegen Rousseau aufgebracht war. Er nannte ihn ein Ungeheuer, meinte aber, daß man einen solchen Mann nicht vertreiben dürfe. Da meldete man ihm: ‹Mir scheint, Rousseau betritt eben Ihren Hof.› – *Wo ist der Unglückliche*? schrie er. *Er komme in meine Arme! Vielleicht hat man ihn aus Neuchâtel und Umgebung verjagt. Man hole ihn: was ich besitze, gehört ihm.* – Damals war er mit dem Parlament unzufrieden. Wenn er seinen Esel an der Gartenpforte antraf, sagte er: *Ich bitte, Sie haben den Vortritt, Herr Präsident!*»[135]

Aus der Feder des Fürsten von Ligne stammt eine der letzten Schilderungen des Patriarchen von Ferney, wie Voltaire oft von seinen Freunden genannt wurde: «Er trug stets graue Schuhe, eisengraue Strümpfe, eine große, bis zu den Knien reichende Barchentweste, eine mächtige Perücke und ein schwarzes Samtkäppchen. Des Sonntags zog er mitunter einen schönen, goldkäferfarbenen Frack und Weste und Hose von gleicher Farbe an. Die Weste hatte große Schöße und war mit goldenen Borten verziert. Auch trug er lange, bis zu den Fingerspitzen reichende Spitzenmanschetten. *So sieht man vornehm aus*, meinte er.»[136]

Wenn Voltaire die mehr oder weniger anregende Konversation mit den Besuchern hinter sich gebracht hatte, widmete er sich seiner besonderen Passion: der Korrespondenz. Fast jeden Tag diktierte er seinen Sekretären Briefe oder ließ bevorzugten Freunden in seiner eleganten, deutlichen Schrift handgeschriebene Episteln zukommen. Casanova berichtet, er habe in Ferney eine Kollektion von nicht weniger als 50 000 Briefen an Voltaire gesehen. Diese Sammlung stellte nur einen Ausschnitt aus der Korrespondenz dar. Da Voltaire ein höflicher, korrekter Briefpartner war und fast alle an ihn gerichteten Schreiben schnell beantwortete, läßt sich schwer schätzen, wie viele zehntausend Briefe er in mehr als sechzig Jahren absandte. Theodore Besterman hat in seiner vor wenigen Jahren abgeschlossenen Ausgabe der Korrespondenz an die 20 000 Briefe Voltaires vereinigt, die an 1200 verschiedene Empfänger gerichtet sind.

Friedrich II. blieb trotz aller Konflikte der Briefpartner, dem Voltaire stets besonders ausführliche und sorgfältig konzipierte Briefe

*Voltaire beim Aufstehen. Gemälde von Jean Huber*

übermittelte. Es blieb nicht beim Gedankenaustausch über ihre Lieblingsthemen aus den Bereichen der Poesie und Philosophie. In der schlimmsten Zeit des Siebenjährigen Krieges trugen die Freund-Feinde brieflich ihre Privatfehde aus. «Sind Sie mit Ihren siebzig Jahren noch nicht vernünftig?» fauchte der König aus seinem schlesischen Hauptquartier den Mann an, den er in besserer Stimmung «das größte Genie des 18. Jahrhunderts» nannte. «Lernen Sie endlich in Ihrem Alter, in welcher Art Sie mir zu schreiben haben! Merken Sie sich dies, daß es für Schriftsteller und Schöngeister erlaubte Freiheiten und unerträgliche Frechheiten gibt! Werden Sie endlich einmal ein Philosoph, das heißt vernünftig.»[137] – Und kurz darauf etwas versöhnlicher: «Hätten Sie keine Fehler, so würde das Menschengeschlecht Ihnen gegenüber zu tief stehen, und die Welt hätte Grund, Ihre Vorzüge mit Eifersucht und Neid zu betrachten.»[138]

Voltaires Antwort ließ an Deutlichkeit nichts zu wünschen übrig: *Sie haben mir genug Böses angetan; Sie haben mich für immer mit dem König von Frankreich entzweit; Sie haben mich und eine unschuldige Frau in Frankfurt übel behandeln lassen. Sie beehren mich zwar mit Briefen, aber Sie verderben mir diesen süßen Trost durch bittere Vorwürfe. Das Schlimmste, was Sie angerichtet haben, ist dies, daß die in ganz Europa verbreiteten Feinde der Philosophie jetzt sagen können: Die Philosophen können nicht in Frieden miteinander leben. Da gibt es einen König, der nicht an Jesus Christus glaubt; er ruft an seinen Hof einen Mann, der auch nicht an ihn glaubt, und er behandelt diesen Mann schlecht. Es gibt also keine Humanität bei den sogenannten Philosophen, und Gott bestraft die einen durch die andern.*[139]

Seine Privatrache an König Friedrich II. nahm Voltaire nebenher noch auf kuriose Weise. Er sperrte in Ferney einen Adler, das Wappentier des preußischen Monarchen, in einen Käfig und sagte den Besuchern, dieser Raubvogel habe ebenso scharfe Krallen wie *der andere.* Einem häßlichen, bissigen Affen, den er gleichfalls seinen Gästen vorführte, gab er den Namen «Luc», einen Spitznamen, mit dem er in Briefen auch Friedrich bezeichnete. *Luc ist ein Bösewicht,* erklärte Voltaire und wies darauf hin, dieser Affe beiße alle, wie der König, der ihm einmal geschrieben hatte: «Ich schone die nicht, die mich ärgern wollen, und ich beiße sie, so gut ich kann.»[140]

Es ist erstaunlich, daß Voltaire neben seiner schriftstellerischen Arbeit und der Verwaltung seiner Güter noch soviel Zeit für Korrespondenzen und Konversation mit seinen Besuchern erübrigte. Er soll, wie seine Sekretäre berichten, bis in seine letzten Lebensjahre täglich achtzehn bis zwanzig Stunden gearbeitet haben. Seinem Freund d'Argental schrieb er: *Hätte mir die Natur nicht zwei ausgezeichnete Gegenmittel gegeben, nämlich Arbeitslust und Heiterkeit, wäre ich schon lange vor Verzweiflung gestorben.*[141] – Je älter Voltaire wurde, um so weniger Schlaf brauchte er. Oft rief er nachts seinen Sekretär, um ihm zu diktieren, und er sprach dabei so schnell, daß der Schreiber Mühe hatte, das Tempo mitzuhalten.

Die Krankheiten, von denen der unermüdlich Tätige immer wieder geplagt war, beruhten nicht sämtlich auf Einbildung und hypochondrischer Verstimmung. In seinen letzten zehn Jahren unterzeichnete er die Briefe an Friedrich II. und die Zarin Katharina oft nur mit: *Der alte Kranke* oder *Der kranke Alte.* Der Marquise du Deffand schrieb der Vierundsiebzigjährige, daß er *zehn bis zwölf Stunden un-*

*Friedrich II. Gemälde von Anton Graff*

*ter Schmerzen* verbringe. *Mein Verdauungsapparat funktioniert gar nicht mehr*, fügte er hinzu. *Ich erwarte in Ruhe meine körperliche Auflösung, voll aufrichtigen Dankes an die Natur, daß sie mich 74 Jahre lang am Leben gelassen hat, eine kleine Gunst, die ich nie erhofft hatte.*[142]

Besonders schwer vertrug der an das milde Klima von Paris gewöhnte Gutsherr von Ferney den Winter in der Gebirgslandschaft am Genfer See. Madame du Deffand stöhnte er von den *Schrecken* seiner *Einöde* vor, *die nach Aussage der Russen fast fünf Monate im Jahr schlimmer sind als Sibirien*. Seine Nichte sehe *von ihrem Fenster aus dreißig Meilen weit ins Land* hinaus, *aber das sind dreißig Meilen voller Berge, Schneefelder und Abgründe. Im Sommer Neapel, im Winter Lappland.*[143] Das grelle Weiß der verschneiten Landschaft um Ferney machte ihn zeitweise halb blind und hinderte ihn am Lesen und Schreiben. D'Alembert teilte er mit, er müsse diktieren, weil er *inmitten all des Schnees die Augen nicht brauchen*[144]

*Schloß Ferney mit Kirche. Kolorierter Stich. Paris, Bibliothèque Nationale*

könne. Und an einem Maitag rief er in einem Brief an den Gefährten von der «Enzyklopädie» erlöst aus: *Ich bin blind, wenn es schneit, und fange erst wieder an zu sehen, wenn die Erde ihr grünes Kleid angelegt hat. Sie fragen mich, was ich tue. Ich sehe, und ich sehne mich danach, Sie zu sehen. Seien Sie versichert, daß es ein großes Vergnügen ist, vier Monate lang blind zu sein; dadurch werden die restlichen acht um so angenehmer.*[145] – Es scheint, daß Voltaire wie mit manchen anderen Leiden auch mit seiner Blindheit etwas kokettierte. Jedenfalls steht fest, daß er zumindest in den acht schneefreien Monaten bis ins hohe Alter hinein ohne Brille schreiben und lesen konnte.

In den Wintermonaten riß der Strom der Besucher ab. Wenn er sich nicht gerade in seinen Schweizer Wohnungen aufhielt, lebte er dann recht zurückgezogen, wahrhaft als *Eremit von Ferney*, wie er gern seine Briefe unterzeichnete. *Mir genügt ein Zimmer für meine Bibliothek und ein zweites, in dem ich mich auch im Winter warmhalten kann,* schrieb *der alte Kranke. Ein Greis hat keine kostspieligen Wünsche mehr.*[146] – Die Bibliothek ließ sich übrigens nicht mehr in einem Zimmer unterbringen. Sie wuchs im Laufe der Jahre auf mehr als 6000 Bände an. In einer Zeit, in der Bücher ein recht kostspieliger Luxus waren, besaß Voltaire eine der größten Privatbibliotheken. Am reichhaltigsten waren, seinen Interessen entsprechend, die Gebiete Schöne Literatur, Geschichte, Philosophie und Theologie vertreten.

Seine vertrauteste Hausgenossin, auch während der eintönigen Wintermonate, war die Nichte. Wie in Paris führte sie auch in Ferney Voltaires Wirtschaft. Ihr sprudelndes Temperament und ihre Redseligkeit fielen distinguierten Besuchern auf die Nerven. Die literaturbeflissene Madame d'Épinay, die zugleich mit Voltaire und Rousseau befreundet war, entwarf nach einem Besuch in Ferney von Marie-Louise das Porträt: «Die Nichte Voltaires ist zum Totlachen; eine kleine, dicke Frau, kugelrund, eine ganz unmögliche Frau, häßlich und gutmütig. Sie lügt ganz ohne Absicht und ohne Arg, sie scheint Geist zu haben und hat doch keinen. Sie schreit, sie entscheidet, sie politisiert, sie schwatzt dummes Zeug.»[147]

Wenn die Nichte es gar zu toll trieb, schrie der Onkel sie an, titulierte sie ungeniert vor allen Leuten als *dicke Sau* und *dumme Pute*. Als Voltaire sie bei zweifelhaften Geschäften mit unveröffentlichten Manuskripten ertappte, mußte Madame Denis sogar aus Ferney verschwinden. Aber sie kehrte nach anderthalb Jahren reumütig zurück. Ihre Neider behaupteten, sie vertausche ihr geliebtes Paris nur deshalb wieder mit Ferney, weil sie ihren Onkel bald zu beerben hoffe. Voltaire besaß zur Zeit des Zankes mit der Nichte, um 1768, nach einer Berechnung von Jean Orieux «80 000 Livres aus Lebensrenten, 40 000 Livres aus beweglichen Werten und 600 000 Livres aus Wechseln. Was ein Kapital von ungefähr zehn Millionen Francs neuer Währung darstellt.»[148]

Nächst der Nichte hielt es am längsten «Vater Adam» in Ferney aus. Der Jesuitenpater, der sehr schlecht mit seinem Orden stand, hatte vor allem eine Aufgabe: er mußte mit dem Schloßherrn Schach spielen; das einzige Spiel, dem Voltaire außer dem Theaterspielen oft ganze Stunden widmete. Er war allerdings kein Meister des Schachs und ein schlechter Verlierer. Wenn die Partie für ihn nicht gut stand, warf er die Figuren zornig Vater Adam an die Perücke.

Eine Nebenaufgabe des von Voltaire großzügig ausgehaltenen, ebenso mittellosen wie liberalen Ordensmannes bestand darin, dem Hausherrn und der Nichte die Messe zu lesen. Um nicht zu sehr in den Ruf der Kirchenfeindlichkeit zu geraten, ließ sich Voltaire gelegentlich zu solchen Demonstrationen herbei. Die Messe wurde in der Kirche von Ferney abgehalten, die Voltaire nicht lange nach dem Erwerb des Gutes bauen ließ. *Deo erexit Voltaire* (*Gott von Voltaire errichtet*) lautete die heute noch sichtbare Inschrift, die der Bauherr anbringen ließ.

*Voltaire in Ferney. Zeichnung von Jean Huber*

Strenggläubige Genfer fanden das *Deo erexit Voltaire* ebenso anmaßend und anstößig wie die Schauspielaufführungen, die der Herr von Ferney in dem eigens für solchen Zweck erbauten Theater auf seinem Gut veranstaltete. Voltaire trat mit offensichtlichem mimischem Talent in seinen eigenen Stücken auf. Auch die Nichte deklamierte ohne Scheu selbst schwierige Rollen wie die der Zaïre. Ein Fest war es für Voltaire, wenn aus Paris die berühmte Clairon oder Lekain nach Ferney kamen, um die Hauptrollen in dem Privattheater des Gutsherrn zu spielen.

Zur Musik und zu den bildenden Künsten hatte Voltaire weniger Kontakt als zur Literatur und Schauspielkunst. In einem Brief beklagte er es lebhaft, daß ihm *für Musik jedes Organ* fehle.[149] Der einzige Maler, der häufig in Ferney auftauchte, war der Genfer Jean Huber, von den Kunsthistorikern zur Unterscheidung von anderen Malern seines Namens Huber-Voltaire genannt. Sein Hauptmotiv war zweifellos Voltaire, den er zwanzig Jahre hindurch in Gemälden, Zeichnungen und Scherenschnitten verewigte. Voltaire als grotesker Akteur seiner Stücke, Voltaire als an allen Gliedern schlotternder Kranker, Voltaire als Schachspieler und Bäumepflanzer, Voltaire im Gespräch mit Bauern und als Kutscher seines Cabriolets – Huber ließ sich keine Situation im Leben des Gutsherrn von Ferney entgehen. Das Altersgesicht Voltaires hat er auf einem besonders bekannten Blatt aus den verschiedensten Perspektiven dargestellt. Der durch die glatten, schmeichelhaften Porträts französischer Künstler Verwöhnte nahm es dem karikaturistisch begabten Genfer manchmal übel, daß er ihn so oft in komischen Situationen zeichnete. Huber habe ihn *in ganz Europa lächerlich gemacht*, beklagte er sich.

Voltaire war leicht erschrocken, als 1770 einige seiner Pariser Verehrer auf die Idee kamen, Jean-Baptiste Pigalle, der namhafteste Bildhauer der Hauptstadt, solle von ihm ein Standbild in Marmor anfertigen. *Meine Augen sind drei Zoll eingesunken,* protestierte Voltaire sofort in einem Brief. *Meine Backen sind wie altes Pergament, das miserabel über die mürben Knochen gespannt ist. Meine letzten Zähne sind ausgefallen. Noch nie hat man einen armen Menschen in einem solchen Zustand in Stein nachgebildet.*[150] Trotzdem ließ er sich dazu überreden, Pigalle Modell zu stehen.

Einen echteren Eindruck des Patriarchen von Ferney als diese Statue, die Voltaire nach neuklassizistischer Manier in antiker Gewandung darstellt, geben zweifellos die kleinen Bilder Jean Hubers. Gern zeichnete er Voltaire in ländlicher Umgebung bei der Arbeit im Garten oder beim Umgang mit seinen Gärtnern und Bauern. *Je älter ich werde, um so weiser glaube ich auch zu werden,* meinte er in einem Brief an den Kardinal de Bernis. *Denn jetzt kümmere ich mich nur noch um die Literatur und die Landwirtschaft. Das erhält Körper und Seele gesund. Und Gott weiß, wie man dann über seine vergangenen Dummheiten und die seiner lieben Mitmenschen lacht.*[151]

*Literatur und Landwirtschaft* – das waren wirklich die Hauptinteressen des alten Voltaire. Neben seiner schriftstellerischen Betätigung sah er die Fürsorge für sein umfangreiches Gut und dessen Bewohner als seine Hauptaufgabe an. Beim Kauf von Ferney im Jahre 1758 lebten dort nicht viel mehr als ein halbes Hundert armer Bauern in kläglichen Behausungen. Zwanzig Jahre später war Ferney ein blühender Ort mit 1200 Bewohnern.

Voltaire sorgte auf den verschiedensten Gebieten für die ökonomische Entwicklung seines *kleinen Königreichs,* wie er es gelegentlich stolz nannte. In die Urbarmachung der sumpfigen Ländereien in der Umgebung des Dorfes steckte er ein Vermögen. Er gab den Bauern großzügig Darlehen, ohne die üblichen Zinsen zu erheben, damit sie Vieh und Ackergerät kaufen und ihre Häuser in menschenwürdigen Zustand versetzen konnten. Auch Handwerker, insbesondere Uhrmacher, siedelte er in Ferney an und baute ihnen Häuser. Besonderes Aufsehen erregte es in Paris, als er seinen aristokratischen Briefpartnerinnen Seidenstrümpfe schickte, die auf seinem Gut hergestellt waren.

Für seine Bauern und Handwerker war der Patriarch von Ferney wirklich ein treusorgender Hausvater. In Notfällen half er großmütig mit zinsfreien Krediten und Geldgeschenken. In der Schilderung eines Besuchers, der drei Wochen nach dem Tode Voltaires nach Ferney kam, heißt es: «Man hat Voltaire oft nachgesagt, er habe ein schlechtes Herz. Hätten doch seine Feinde das Schauspiel mitansehen können, das ich sah, als der alte Mann, von einer Krankheit hergestellt, durch die Straßen von Ferney fuhr. Sobald man den Wagen bemerkte, verließen die Arbeiter ihre Werkstätten, alte Leute, Frauen, Kinder stellten sich vor ihm auf, fragten ihn, wie es ihm gehe, baten den Ewigen, er möge seine Tage erhalten: ‹Lieber Gott, erhalte uns unsern guten Herrn von Voltaire, unsern Vater, unsern Wohltäter.› Er ließ die Pferde im Schritt gehen, redete mit ihnen und versprach ihnen neue Wohltaten. Freudentränen flossen über sein Gesicht. Er sagte zu mir mehrmals, diese rührenden Augenblicke seien die köstlichsten seines Lebens.»[152]

Voltaire versuchte nicht nur, die Lage der Familien zu verbessern, die auf seinem Grund und Boden arbeiteten. Er sah auch die nachteiligen Folgen der sozialen Struktur der französischen Monarchie, die weitgehend auf dem Frondienst leibeigener, einem adligen oder geistlichen Grundherrn dienstbarer Bauern aufgebaut war. In zehn Denkschriften setzte er sich insbesondere für die Milderung der har-

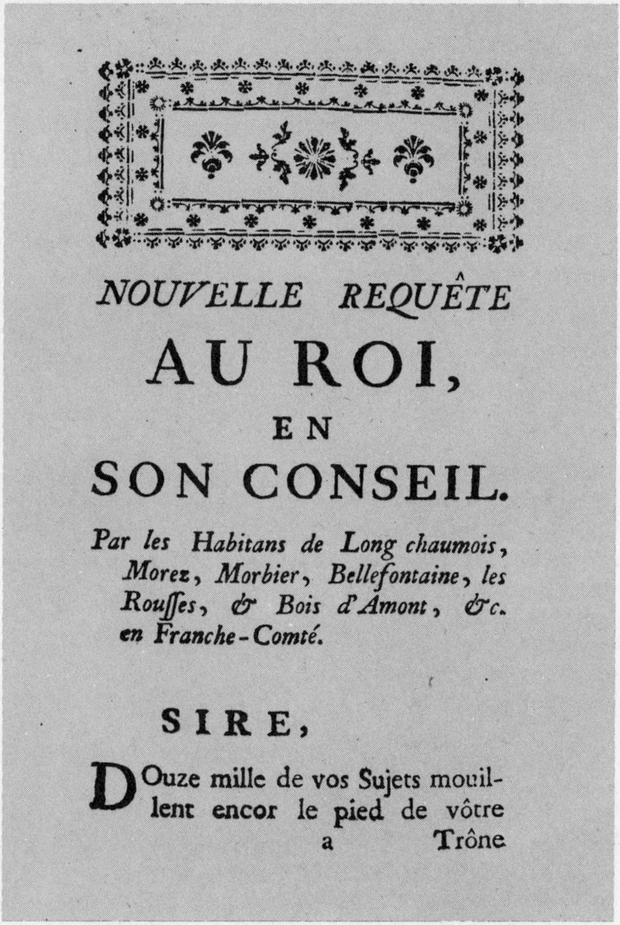

*NOUVELLE REQUÊTE*

AU ROI,

EN

SON CONSEIL.

*Par les Habitans de Long chaumois, Morez, Morbier, Bellefontaine, les Rousses, & Bois d'Amont, &c. en Franche-Comté.*

SIRE,

Douze mille de vos Sujets mouillent encor le pied de vôtre

a Trône

*Titelblatt einer Bittschrift Voltaires an den König, in der er sich für die Leibeigenen der Franche-Comté einsetzt*

ten Lebensbedingungen der Bauern im Gebiet des französischen Jura ein. Aus eigener Anschauung kannte er nur zu gut die Nöte der Landbewohner, die harte Frondienste und hohe Abgaben leisten mußten und als Leibeigene ihren Wohnsitz nicht wechseln durften. Noch kurz vor seinem Tode übermittelte Voltaire als Fürsprecher von 12 000 burgundischen Bauern dem König die *Bittschrift für die Leibeigenen von Saint-Claude.*

Als Voltaire 1777 seine letzte Denkschrift über die Mißstände in den burgundischen Provinzen nach Paris sandte, hatte Frankreich bereits seit drei Jahren einen neuen König. Aber Ludwig, der sechzehnte seines Namens, hatte nicht viel mehr Sinn für soziale Nöte als sein Vorgänger, und Voltaires Petition hatte keinen Erfolg. Der geistig träge, in klerikalen Vorurteilen befangene Regent war das Gegenteil eines aufgeklärten, fortschrittlichen Monarchen, eines *Fürst-Philosophen*, wie Voltaire ihn sich für Frankreich ersehnte.

Einen ernsthaften Konflikt wie mit Ludwig XV. hatte Voltaire jedoch noch nicht mit dem neuen Gebieter Frankreichs gehabt. So fragte er sich manchmal, ob er trotz seiner *83 Jahre und 83 Krankheiten* nicht vielleicht doch eine Reise nach Paris machen solle. In Briefen an seine Freunde sprach er von seiner Sehnsucht, nach 27 Jahren die Stadt seiner Jugend wiederzusehen. Ein ausdrückliches Verbot, das ihm das Betreten der Hauptstadt untersagte, war Voltaire niemals zugestellt worden. Warum sollte er es also nicht wagen, nach Paris zu reisen, zumal die Comédie Française gerade seine neue Tragödie *Irène* zur Uraufführung angenommen hatte?

Madame Denis, die sich in Ferney langweilte, versuchte schon seit Jahren, ihren Onkel zu solch einer Reise zu überreden. Den Ausschlag gaben schließlich Voltaires «Sohn» und «Tochter»: der Marquis de Villette und seine Frau. Sie gehörten seit ein paar Jahren sozusagen zur Familie Voltaires. Der Patriarch von Ferney unterstützte nicht nur bedürftige Bauern und Handwerker. Er adoptierte und verheiratete auch mittellose Mädchen. Er nahm zum Beispiel Marie Corneille, eine entfernte Verwandte des Dramatikers, als Adoptivtochter in sein Haus. Er setzte sich dafür ein, daß die Werke ihres berühmten Vorfahren in einer repräsentativen Ausgabe der französischen Akademie neu herausgebracht wurden. Ja, Voltaire schrieb sogar einen zweibändigen *Kommentar zu Corneille.* Die Honorare schenkte er Marie Corneille und sorgte dafür, daß sie einen Landedelmann aus der Umgebung von Ferney zum Mann erhielt.

Auch bei der Frau des Marquis de Villette handelte es sich um solch ein armes Mädchen, das Voltaire adoptiert und an den Mann gebracht hatte. Der Marquis selbst war ein alter Bekannter und enthusiastischer Verehrer Voltaires. Er behauptete sogar, der uneheliche Sohn des Herrn von Ferney zu sein; denn er hatte erfahren, daß seine Mutter vor vierzig Jahren eine Schwäche für den damals schon berühmten Pariser Poeten gehabt hatte. Voltaire hütete sich, zu dementieren, da der «Sohn» sehr schnell und gern bereit war, sein Schwiegersohn zu werden. Er verliebte sich in die ebenso hübsche

*Ludwig XVI. Stich nach J. Beze*

wie sanfte Adoptivtochter Voltaires, die den dekorativen Mädchennamen Reine Philiberte de Varicourt trug, und heiratete sie alsbald. Auf eine Mitgift verzichtete der sehr vermögende Marquis. Außer einem Gut in der Nähe von Ferney besaß er ein Haus im Zentrum von Paris, direkt am Ufer der Seine. Der Marquis und Philiberte machten Voltaire klar, daß er dort bequem wohnen könne und daß die Premiere von *Irène* ein noch größerer Erfolg werden würde, wenn der Dichter selbst anwesend wäre.

Das waren gar zu viele Argumente für eine Reise nach Paris. Am 5. Februar 1778 bestieg Voltaire in Begleitung seines Kammerdieners und Sekretärs Wagnière eine Kutsche, nachdem die Villettes und Madame Denis schon vorausgefahren waren. Beim Abschied versicherte er den Bewohnern von Ferney, er werde in sechs Wochen zurück sein. Fünf Tage später erreichte der Wagen die Stadtgrenze von Paris. Den Beamten, die die Kutsche nach zollpflichtigen Waren durchsuchen wollten, soll Voltaire erklärt haben: *Meine Herren, ich glaube nicht, daß es hier andere Konterbande gibt als mich.* Einer der

je meurs en adorant dieu en aimant
haissant pas mes ennemis, en detestan

Beamten erkannte das markante Gesicht des Alten von Ferney und erklärte: «Ja, bei Gott, das ist Monsieur de Voltaire.» Aber der Wagen durfte passieren.[153]

Auch in Paris gab es zunächst keine Schwierigkeiten. In dem Haus des Marquis de Villette an der Ecke des damaligen Quai des Théatins und der Rue de Beaune, wo Voltaire logierte, sprach aus Versailles nur ein Marquis de Jaucourt vor. Er erklärte Madame Denis, am königlichen Hof sei man sehr verwundert über die Ankunft ihres Onkels. Eine Einladung nach Versailles brachte er nicht mit. Der Minister de Maurepas, ein alter Bekannter Voltaires, fragte vorsichtig an, ob der König dem berühmtesten Mann der französischen Literatur nicht wenigstens eine Audienz gewähren wolle. Ludwig XVI., den seine Berater vor dem Autor so vieler beanstandenswerter Bücher gewarnt hatten, soll nur erklärt haben, es sei mehr als genug, wenn er Voltaires Anwesenheit in Paris keine Beachtung schenke.

Voltaire fand nur wenig Zeit, sich über den unmusischen und geistfeindlichen Regenten zu ärgern. Es sah ganz so aus, als ob die Pariser, unbekümmert um das Mißfallen des wenig beliebten Herrn von Versailles, den so lange Verbannten auf ihre Art feiern wollten. Schon am Tage nach der Ankunft Voltaires entsandte die sonst so königstreue Akademie eine Abordnung, um das prominenteste Mitglied der Körperschaft zu begrüßen und zur nächsten Sitzung einzuladen. Die Comédie Française schickte eine Delegation ihrer bedeu-

2
amis, en ne
Superstition 1778.
Voltaire

*Voltaires schriftliche Erklärung vom 28. Februar 1778: «Ich sterbe in Anbetung Gottes ...»*

tendsten Darsteller zur Begrüßung in das Haus an der Seine. Ein herzliches Wiedersehen feierte Voltaire mit dem Herzog von Richelieu, seinem Intimus d'Argental und anderen Freunden. Und dann setzte der Ansturm der Bewunderer und Neugierigen ein. Die Marquise du Deffand, mit der Voltaire so viele Briefe gewechselt hatte, versuchte vergeblich, zu ihm vorzudringen, und teilte ihrem englischen Freund Horace Walpole mit: «Voltaire empfing gestern dreihundert Personen. Ich werde mich sehr hüten, mich in diesen Schwarm zu drängen. Der ganze Parnaß war dort, vom Sumpf bis zum Gipfel. Er wird die Anstrengung nicht aushalten können; es ist möglich, daß er stirbt, bevor ich ihn zu sehen bekomme.»[154] Die Marquise traf Voltaire zwar ein paar Tage später; aber sein Zustand erschien ihr so bedenklich, daß sie notierte: «Er hat Schmerzen in der Blase; er hat Hämorrhoiden; gestern sagte man, daß seine Verdauung nicht funktioniert. Seine unbeschreibliche Lebhaftigkeit reibt ihn auf. Es würde mich nicht wundern, wenn er bald sterben würde.»[155]

Voltaire lebte in einem Rausch des Wiedersehens mit Paris und den Parisern dahin. Nach der Abfertigung der zahlreichen Besucher des Hauses am Seine-Ufer ließ er sich gern in einer Kutsche durch die Straßen fahren, in denen er seine Jugend verlebt hatte. Es war kein Wunder, daß es schon nach vierzehn Tagen zu dem ersten gesundheitlichen Zusammenbruch kam. Während er Wagnière einen Brief diktierte, begann ihm plötzlich Blut aus Mund und Nase zu fließen.

In den nächsten Tagen kam es zu einem schmerzhaften Bluthusten, der ihn so schwächte, daß er mit seinem Tode rechnete.

In dieser körperlichen Verfassung kam es zu jener Szene, die als «Voltaires Beichte» etwas fragwürdigen Ruhm erlangt hat. Die Berichte der Zeitgenossen und wenigen Zeugen sind so widerspruchsvoll oder unglaubwürdig, daß wohl nie ganz klar werden wird, was sich am 28. Februar 1778 wirklich im Hause des Marquis de Villette abgespielt hat. Voltaire dachte in seiner Todesfurcht an das Schicksal seiner längst verstorbenen Freundin, der Schauspielerin Adrienne Lecouvreur, deren Leichnam ohne kirchliche Zeremonie an einem unbekannten Platz vor den Toren der Stadt verscharrt wurde. Voltaire soll mehrmals gesagt haben, er wolle nicht, daß man seinen Leichnam auf den Schindanger werfe. In dieser Stimmung ließ er sich dazu überreden, dem Abbé Gaultier eine Beichte abzulegen. Da er dabei nach üblichem Brauch mit dem Priester allein blieb und der an der Wand horchende Sekretär Wagnière nur wenig verstand, ist nicht bekannt, was der rebellische Sohn der Kirche wohl «gebeichtet» haben mag. Er überreichte dem Abbé ein Blatt Papier mit der schon vorher aufgesetzten Erklärung: *Ich sterbe in Anbetung Gottes, in Liebe zu meinen Freunden, ohne Haß gegen meine Feinde und in Ablehnung des Aberglaubens.*[156] Sicher eine Konfession, die mehr das Credo eines freidenkerischen Deisten als ein Bekenntnis zur katholischen Kirche darstellte, einer Kirche, über deren *Aberglauben* er sich in mehr als einer Schrift ausgelassen hatte.

Nachdem der Abbé die Absolution erteilt hatte, soll Voltaire das Abendmahl mit der Bemerkung abgelehnt haben: *Herr Abbé, berücksichtigen Sie, daß ich immer wieder Blut spucke. Sie müssen sich sehr in acht nehmen, daß das Blut Gottes sich nicht mit meinem vermischt.*[157] Mag diese von Wagnière mitgeteilte Äußerung auch nicht wörtlich gefallen sein, so steht doch fest, daß Voltaire trotz seines elenden Zustandes die Kommunion abgelehnt hat.

Es gab selbstverständlich viele, die dem unentwegten Kritiker der Kirche selbst diese formell nicht ganz einwandfreie Beichte übelnahmen, so etwa Horace Walpole, der Briefpartner der Madame du Deffand. Die Marquise verteidigte Voltaire gegen die Vorwürfe des damals sehr bekannten englischen Literaten: «Sie beurteilen die Beweggründe zu seinem Verhalten falsch. Es würde ihm nahegehen, wenn man glaubte, er habe seine Denkweise verändert. Alles, was er getan hat, tat er mit Rücksicht auf das Herkommen und damit man ihn in Frieden lassen soll.»[158] Mit dieser Bemerkung hatte Voltaires Freundin nur zu recht. Unter den zahlreichen Besuchern des Hauses am Seine-Ufer war mehr als ein Geistlicher, der den Schwerkranken «nicht in Frieden lassen» wollte. Nur zu gern hätte sich mancher

*Bei der sechsten Aufführung der «Irène» am 30. März 1778 krönen die Schauspieler Voltaires Büste mit Lorbeer. Kupferstich von Ch. E. Gaucher nach J. M. Moreau le Jeune*

Abbé das Verdienst erworben, er habe Voltaire dazu überredet, die in seinen Schriften an der Bibel und der Kirche ausgesprochene Kritik in feierlichem Reueakt zu widerrufen.

Der Gesundheitszustand Voltaires war in den Monaten Februar und März 1778 das Tagesgespräch in Paris, ein Hauptthema der Journale. Zur allgemeinen Überraschung meldeten Mitte März die Blätter, der Kranke befinde sich nach etwa dreiwöchigem Bluthusten auf dem Wege der Besserung und empfange wieder Besucher; auch das Fieber, das ihn schwächte, sei völlig abgeklungen. *Es ist spaßig, daß ich mit meinen 84 Jahren noch zwei tödlichen Krankheiten glücklich entronnen bin, ich habe mich ihrer gerühmt, und siehe da, ich wurde gerettet*[159], schrieb Voltaire am 1. April mit gewohnter Ironie an König Friedrich II. nach Berlin.

Er hatte nicht nur Grund zu gehobener Stimmung, weil seine Gesundheit sich gebessert hatte. Zwei Tage vor der Absendung des Briefes an Friedrich, am 30. März, erlebte er den Höhepunkt seines letzten Pariser Aufenthalts. Die Pariser wußten aus den Journalen, daß Voltaire an diesem Tage zuerst in die Akademie und dann in die Comédie Française fahren werde. Auf den Straßen und vor allem in der Umgebung des Louvre standen Tausende und ließen Voltaire hochleben. Die Mitglieder der Akademie gingen ihm bis in den ersten Saal entgegen. Nur die meisten geistlichen Angehörigen der Akademie nahmen an dieser symbolischen Ehrung nicht teil, die bisher noch nicht einmal einem regierenden Fürsten gespendet worden war. Einstimmig erfolgte jedoch anschließend die Ernennung Voltaires zum Ehrendirektor der Akademie für das nächste Trimester.

Von «einem allgemeinen Delirium» spricht der Chronist des Pariser Literaturbetriebs, Baron von Grimm, in seinem Augenzeugenbericht über die Aufführung der *Irène*. Die Tragödie um den Liebestod der byzantinischen Kaiserin interessierte die Zuschauer nur am Rande. Im Mittelpunkt der Ovationen stand der von Krankheit ausgemergelte Greis in der Ehrenloge. Obwohl Voltaire sich dagegen wehrte, wurde er mit einem Lorbeerkranz geschmückt. Zum Schluß der Vorstellung hatten die Schauspieler den Einfall, die Marmorbüste Voltaires, die erst vor kurzem im Foyer des Theaters aufgestellt worden war, auf die Bühne zu tragen. Die Statue wurde mit den Blumengirlanden und Palmenzweigen geschmückt, die die Darsteller der *Irène* zuvor als Requisiten benutzt hatten. Beim Verlassen des Theaters hatte der Kutscher Mühe, den Wagen Voltaires durch die jubelnde Menschenmenge hindurchzulenken. Er mußte im Schrittempo fahren, und zeitgenössische Berichte melden, daß Enthusiasten sogar die Pferde umarmten und küßten.

In den nächsten Wochen wurde Voltaire noch mehrmals Mittelpunkt von Ovationen. Die Pariser feierten ihn bei Fahrten durch die Straßen nicht nur als Dramatiker und Verfasser weitverbreiteter Bücher. Die Zurufe galten vor allem dem Mann, der für Calas, Sirven und andere von der Justiz Verfolgte Gerechtigkeit erkämpft hatte. In einem Festakt in der Loge «Neun Schwestern» huldigten die Freimaurer Voltaire, weil er ebenso wie sie den Idealen der Brüderlichkeit und Menschlichkeit gedient hatte.

Die Ehrungen in der Stadt, wo er früher soviel Neid und Verleumdung hinnehmen mußte, gaben Voltaire neuen Auftrieb. Er ließ sich sogar dazu überreden, dem Bildhauer Jean-Antoine Houdon Modell

*Voltaire. Bronzebüste von Jean-Antoine Houdon*

zu stehen. Wohl noch charakteristischer und naturgetreuer als Pigalle hat Houdon der Nachwelt in mehreren Büsten das Gesicht des ironisch lächelnden, vorübergehend zu neuer Vitalität beschwingten Idols der Pariser überliefert. Voltaire fühlte sich wieder so erholt, daß er der Akademie am 7. Mai in einer Sitzung den in aller Eile ausgearbeiteten Plan eines Wörterbuchs der französischen Sprache vorlegte. Er selbst sei bereit, erklärte Voltaire zur Verwunderung der Akademiker, den Anfang zu machen und die besonders zahlreichen Worte des Buchstabens A zu übernehmen. *Meine Herren, ich danke Ihnen im Namen des Alphabets,* erklärte er mit der von ihm bevorzugten Mischung von Ironie und Pathos, als der Plan den Beifall der Akademiker fand.

Es sollte die letzte Sitzung der Akademie sein, an der Voltaire teilnahm. Vier Tage später mußte er sich zu Bett legen. Er fieberte, und bald kamen heftige Schmerzen hinzu. Das mit Harnzwang verbundene Blasenleiden, das ihm schon lange zu schaffen machte, quälte ihn mehr denn je. Auch der Husten mit blutigem Auswurf trat wieder auf. Es war ein Glück, daß er in diesen Wochen seinen alten Arzt, den Genfer Tronchin, um sich hatte, der sich gerade in Paris aufhielt. Tronchin hatte die hektische Betriebsamkeit Voltaires mit Sorge beobachtet und ihn immer wieder gewarnt. In den kritischen Maitagen wußte auch er keinen Rat mehr. Am 25. oder 26. Mai – das genaue Datum kennt man nicht, da das in zittriger Handschrift hingekritzelte Blatt den Tag nicht angibt – raffte Voltaire sich noch einmal zu ein paar Zeilen an Dr. Tronchin auf: *Ihr alter Kranker hat das Fieber. Sein eitler Leib hat geschwollene Beine und ist von roten Flecken übersät. Er wollte sich heute morgen zum Tempel Äskulaps schleppen. Er kann es nicht.*[160]

Es sollte sein letzter Brief sein. Über denkwürdige letzte Worte Voltaires und über seine letzten Stunden ist nichts Zuverlässiges bekannt. Gustave Desnoiresterres hat sich die Mühe gemacht, die zum Teil widersprechenden Zeugnisse im achten und letzten Band seiner Biographie zusammenzustellen. In einem von mehreren Zeugen bestätigten Bericht heißt es da, der Priester der Gemeinde von Saint-Sulpice sei wenige Stunden vor dem Tode Voltaires in das Sterbezimmer gekommen und habe erklärt: «Monsieur de Voltaire, Sie befinden sich im letzten Stadium Ihres Lebens: erkennen Sie die Göttlichkeit Jesu Christi an?» Der Sterbende wiederholte zweimal: *Jesu Christi ... Jesu Christi ...* Er hob seine Hand und stieß den Geistlichen zurück: *Lassen Sie mich in Frieden sterben!* Der Priester soll sich daraufhin mit der Bemerkung zurückgezogen haben, der Kranke sei nicht ganz bei Verstand.[161]

Dann kamen nur noch die mehr oder weniger qualvolle Agonie

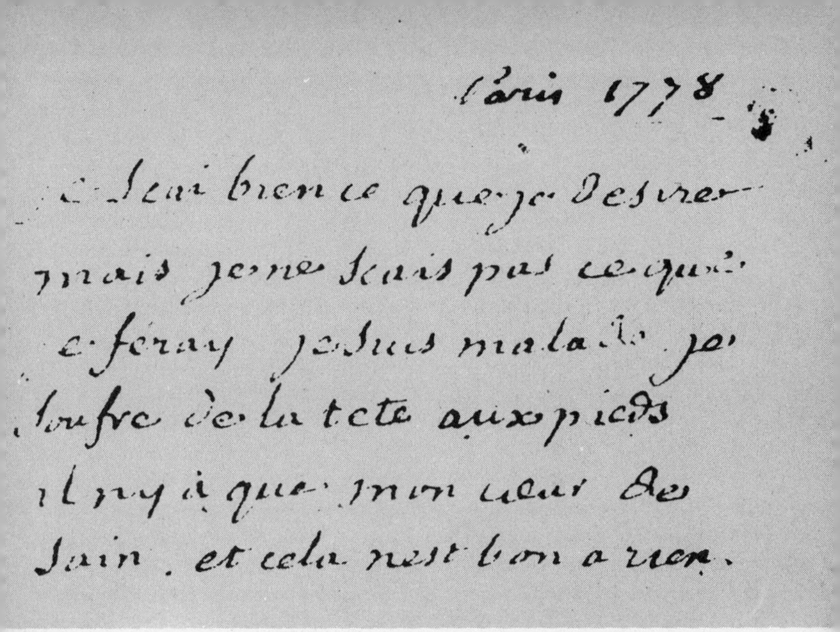
Paris 1778

Je sai bien ce que je desire
mais je ne scais pas ce que
je feray je suis malade je
soufre de la tete aux pieds
il ny a que mon coeur de
sain. et cela nest bon a rien.

*«... Ich bin krank. Ich leide vom Kopf bis zu den Füßen.»*
*Einer der letzten Briefe des Sterbenden, Mai 1778*

und die Ergebung in das Unvermeidliche. Während Dr. Tronchin mehr von den Qualen des Sterbenden spricht, die er mit allen Mitteln ärztlicher Kunst nicht lindern konnte, berichtet die Marquise de Villette, Voltaires Adoptivtochter: «Bis zum letzten Augenblick verbreitete er das Wohlwollen und die Güte, die seinem Charakter eigen waren; alles an ihm zeugte von Ruhe, Frieden, Resignation, abgesehen von der kleinen Gemütsaufwallung, die er zeigte, als er den Geistlichen von Saint-Sulpice bat, sich zurückzuziehen.»[162] – Zehn Minuten vor seinem letzten Seufzer soll er noch gesagt haben: *Adieu, ich sterbe ...*[163] – Voltaire verschied am 11. Mai 1778 abends gegen elf Uhr.

Die Ereignisse, die sich nach seinem Tode abspielten, könnten Gegenstand einer makabren Satire sein. Es ging dabei im wesentlichen – es sei nüchtern gesagt – um den Leichnam und das Erbe des berühmtesten und reichsten Schriftstellers der Zeit. Madame Denis legte zwar großen Wert auf einen möglichst hohen Anteil an dem Vermögen ihres Onkels, aber um die von den Leiden und Qualen der letzten Wochen zerschundenen «sterblichen Überreste» kümmerte sie sich weniger.

Die Sorgen um die Bestattung überließ sie den Neffen des Verstor-

*Voltaires Leiche wird am 11. September 1791 ins Panthéon gebracht. Kupferstich nach Prieur*

benen, dem Abbé Mignot und Joseph Dompierre d'Hornoy. Und die Neffen hatten viele Sorgen. Es gab kein Staatsbegräbnis für den Mann, dem die Pariser so viele Ovationen bereitet hatten. Die Zensurbehörden gaben den Journalen den unmißverständlichen Wink, Nachrufe für Voltaire, der beim König und Klerus so wenig Sympathien genoß, seien nicht angebracht. So erschienen in den ersten Wochen nur wenige vorsichtige Hinweise auf die Verdienste des ersten Repräsentanten französischen Geistes.

Noch weiter als die weltlichen Behörden gingen die geistlichen Instanzen. Sowohl der Priester der Gemeinde Saint-Sulpice, in deren Bezirk Voltaire gestorben war, wie sein Vorgesetzter, der Erzbischof von Paris, verweigerten den Verwandten ein Begräbnis «in geweihter Erde». Weder die Beichte vor dem Abbé Gaultier noch das vieldeutige schriftliche Bekenntnis zu Gott erlaubten nach Ansicht der geistlichen Obrigkeit die kirchliche Bestattung eines Mannes, der sich auch in seinen letzten Wochen niemals zu einem förmlichen Widerruf seiner Ansichten über Bibel und Kirche entschlossen hatte.

Die Neffen, die sich schon vor dem Tode Voltaires über die Auffassung der Autoritäten des Klerus unterrichtet hatten, handelten nach dem Tode ihres Onkels ebenso schnell wie couragiert. In dem Haus am Seine-Ufer spielte sich in der Nacht vom 11. zum 12. Mai Ungewöhnliches, ja Gräßliches ab. Ein in aller Eile herbeigeholter Chirurg nahm die Sektion des Leichnams und die Einbalsamierung vor. Der Arzt war über die überdurchschnittliche Größe des Gehirns verblüfft, das er dem Schädel entnahm. Die Verwandten hatten nichts

*Tafel am Sterbehaus am Quai des Théatins, der fortan Quai Voltaire hieß*

dagegen, daß der Chirurg das Gehirn behielt. Das Herz Voltaires wurde dem Marquis de Villette zur Aufbewahrung übergeben. Dann bekleidete man den vom Arzt präparierten Leichnam mit einem Hausrock und einer Nachtmütze. Der Tote wurde in eine Kutsche gesetzt, so daß es aussah, als schlafe er.

Ohne Beanstandung ließen die Beamten an der Pariser Stadtgrenze das Gefährt mit dem «schlafenden Mann» passieren. Es rollte weiter in die Champagne. Der Abbé Mignot war Titularabt der Abtei Scellières in der Nähe von Troyes; er hoffte daher, seinem Onkel dort ein kirchliches Begräbnis verschaffen zu können. Nach der Ankunft in Scellières wurde ein einfacher Sarg aus vier Brettern gezimmert, der in einer schnell ausgeworfenen Grube auf dem Gelände der Abteikirche Aufnahme fand. Die Mönche von Scellières waren weniger engherzig als die Pariser Geistlichen. Sie hatten nichts dagegen, eine Messe über dem Grabe des von der Kirche Verfemten zu singen. Für den Prior der Abtei hatte die Bestattung bald Folgen. Als seine Vorgesetzten erfuhren, daß er nicht gegen die Beisetzung Voltaires protestiert hatte, wurde er seines Amtes enthoben. Der Familie wurde verboten, ein Grabmal in der Kirche aufzustellen. An einem postumen Voltaire-Kult war dem Regime Ludwigs XVI. wenig gelegen.

Nach der Beseitigung der Monarchie durch die Männer der Revolution entsann man sich auch des Grabes in der halb verfallenen Kirche in der Champagne. An Voltaires dreizehntem Todestag am 30. Mai 1791 wurde der Sarg in feierlichem Zuge nach Paris übergeführt. Die Nationalversammlung hatte beschlossen, durch die Aufbewahrung im Panthéon, der Gedenkstätte der Großen Frankreichs, den Mann zu ehren, der als Kritiker der kirchlichen Überlieferung und Verkünder einer Religion der Vernunft zu den geistigen Vätern der Revolution gehörte. «Als Dichter, Denker, Historiker gab er dem menschlichen Geist einen mächtigen Aufschwung», lautete die Inschrift auf dem Sarkophag. «Er hat uns vorbereitet, frei zu werden.» Im gleichen Jahr 1791 wurde der Quai des Théatins, wo Voltaires Sterbehaus steht, in Quai de Voltaire umbenannt. – Ein Kuriosum ist noch zu verzeichnen: ein anderer Urheber der sozialen Umwälzung in Frankreich, Jean-Jacques Rousseau, wurde gleichfalls im Panthéon beigesetzt. Auf die Tatsache, daß die beiden Antipoden sich im Leben so wenig verstanden hatten, nahmen die Revolutionsmänner keine Rücksicht.

23 Jahre später, in einer Mainacht des Jahres 1814, drangen ultrakonservative Monarchisten in das Panthéon ein. Sie erbrachen die Sarkophage Voltaires und Rousseaus und taten die Gebeine in Säkke, die sie auf unbebautem Gelände nahe dem Seine-Ufer vergruben. Die sterblichen Überreste Voltaires und Rousseaus wurden nie wieder aufgefunden. Das Gehirn Voltaires, das der Chirurg nach der Sektion in Verwahrung genommen hatte, ging verloren, nachdem es mehrmals den Besitzer gewechselt hatte. Als einzige «Reliquie» ist aus dem Nachlaß des Marquis de Villette das Herz Voltaires übriggeblieben; es wird in einer goldenen Kapsel in der Pariser Nationalbibliothek aufbewahrt.

Auch das beachtliche Vermögen, das Voltaire hinterließ, hat seine eigene kuriose Geschichte. Madame Denis erbte nicht nur den weitaus größten Teil der Wertpapiere, sondern auch das prächtige Schloß und Gut Ferney. Aber sie hatte nicht die Absicht, ihr Leben fern von Paris zu beschließen. Schon im Todesjahr Voltaires verkaufte sie das Gut an den Marquis de Villette. Noch mehr haben die Literaturfreunde der wenig geistfreundlichen Madame Denis eine zweite Verkaufsaktion übelgenommen: sie überließ der Zarin Katharina für 135 000 Livres die Bücherei Voltaires. Eine Reihe von Kutschen verließ Ferney, beladen mit mehr als 6000 Bänden, die zum großen Teil mit handschriftlichen Anmerkungen Voltaires versehen waren. Heute wird die Bibliothek in einer Sonderabteilung der staatlichen Büchereien von Leningrad als kostbarer Schatz sorgfältig gehütet.

Während die Sammlung der Bücher Voltaires nur von wenigen Interessenten aus dem Westen aufgesucht wird, sind die Voltaire-Stätten in der Umgebung des Genfer Sees zu einer touristischen Attraktion geworden. Jahr für Jahr kommen Tausende, um in den Schauräumen des wohlerhaltenen Schlosses Ferney und in der Villa Les Délices die alten Stiche, Autographen, seltenen Buchausgaben und

*Das Mausoleum mit dem Herzen Voltaires befand sich ursprünglich in seinem Schlafzimmer zu Ferney. Aquarell, 1780*

andere Reminiszenzen an den Mann zu besichtigen, dessen Name heute sogar auf der Landkarte verzeichnet ist. Ferney-Voltaire heißt jetzt offiziell der kleine Ort, von dem aus Voltaire auf seine Art zwanzig Jahre lang Geschichte machte. Das in seinem Genfer Haus Les Délices untergebrachte «Institut et Musée Voltaire» hat sich zu einem Zentrum der Forschung und der Begegnung von Literaturfreunden aus allen Ländern entwickelt. Ihr zweiter Wallfahrtsort ist natürlich Paris, wo vor allem die Manuskriptschätze der Archives Nationales und die einzigartige Sammlung der Buchausgaben der Bibliothèque Nationale die Liebhaber seltener Voltairiana anlocken.

Angesichts der Tausende von Bänden von und über Voltaire mag dann mancher die bekannte Frage stellen: Was bleibt? Eine Frage, die jeder für sich selbst beantworten muß. Denn sicher gibt es Leser, die ein längst vergessenes Epigramm oder satirisches Poem, einen Flugblattext oder eine Streitschrift zu einer Tagesfrage des 18. Jahrhunderts ebenso anregend finden wie das Dutzend der «unsterblichen», immer wieder aufgelegten und kommentierten Werke des Alten von Ferney. Mit der Binsenwahrheit, daß Voltaire viel Zeitbedingtes geschrieben habe, das einem Menschen des 20. Jahrhunderts wenig bedeute, sollte man in jedem Fall vorsichtig umgehen.

Voltaire hat sich selbst zuweilen gefragt, was wohl die Nachwelt – die in seinen Briefen des öfteren erwähnte *postérité* – von dem umfangreichen Œuvre halten werde, das die Zeitgenossen so erregte. Besonders der alte Voltaire besaß die Fähigkeit, seine literarischen Erzeugnisse mit Distanz und Ironie zu betrachten. Als wieder einmal eine vielbändige Ausgabe seiner Werke erschienen war, bezeichnete der Achtzigjährige in einem Brief an seinen eifrigsten Leser, den Preußenköng Friedrich, seine schriftstellerische Produktion als *fatras* – ein vieldeutiges Wort, das im Deutschen soviel wie Plunder, wirrer Haufen, Wortschwall bedeuten kann. Er empfahl dem König, mit diesem *fatras* so zu verfahren, wie es der eigenwillige Literat auf Preußens Thron gelegentlich bei Büchern zu tun pflegte. *Eure Majestät*, so schrieb Voltaire, *nahmen die Schere, schnitten alle die Seiten heraus, die Ihnen langweilig erschienen, und ließen nur die übrig, die Ihnen Vergnügen bereiteten; auf diese Weise reduzierten Eure Majestät dreißig Bände auf einen oder zwei: eine vortreffliche Methode, um uns von der Sucht der Vielschreiberei zu heilen.*[164]

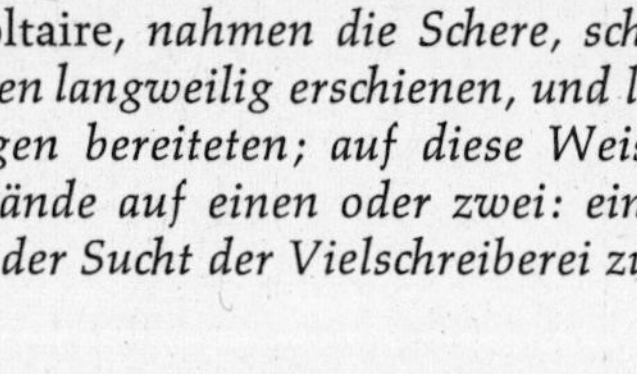

# ANMERKUNGEN

Da die deutschen Büchereien meist recht mangelhaft mit Voltaire-Literatur versorgt sind, wurde nach Möglichkeit nur aus Werken zitiert, die noch im Buchhandel erhältlich oder zumindest in den großen Bibliotheken vorhanden sind, wie zum Beispiel die bekannte Kehler Ausgabe der *Œuvres*. Bei der Korrespondenz wurden die von Theodore Besterman veranstalteten Editionen verwendet, und zwar für die Zeit bis 1748 die bereits erschienenen Bände der französisch kommentierten Pariser Ausgabe, für die Jahre von 1749 bis 1778 die englisch kommentierte Genfer Ausgabe. Ausführliche Titelangaben in der Bibliographie. Die Übersetzungen wurden zum größten Teil vom Verfasser selbst vorgenommen bzw. revidiert.

1 *Correspondence.* 107 Bde. Genf 1953–1965. Bd. 1, S. XII
2 Einleitung zu: *Aus dem Hauptquartier der Aufklärung.* Stuttgart 1922. S. 17
3 «Briefwechsel Friedrichs d. Gr. mit Voltaire». 3 Teile. Leipzig 1908–1911. T. 3, S. 357
4 G. Brandes: «Voltaire». 2 Bde. Berlin 1923. Bd. 1, S. 5
5 Corr., Genfer Ausg. Bd. 57, S. 150
6 J. Orieux: «Das Leben des Voltaire». 2 Bde. Frankfurt a. M. 1968. Bd. 1, S. 24
7 A. Hauser: «Sozialgeschichte der Kunst und Literatur». 2 Bde. München 1953. Bd. 2, S. 8 f
8 *Romans et contes.* Bibl. de la Pléiade. Paris 1958. S. 149
9 *Correspondance.* [Bisher 2 Bde.] Paris 1964–1965. Bd. 2, S. 951
10 a. a. O., S. 191
11 Zu Lebzeiten Voltaires war das Livre oder altfranzösische Pfund (20 Sous) die in Frankreich maßgebliche Münzeinheit; aber auch die Bezeichnung Franc wurde von Voltaire und seinen Zeitgenossen verwendet. Erst während der Französischen Revolution löste der Franc endgültig das Livre ab. 1 Livre oder 1 Franc hatten mindestens den Wert von 5 DM.
12 *Œuvres complètes.* 70 Bde. Kehl 1783–1789. Bd. 14, S. 13
13 Corr., Pariser Ausg. Bd. 1, S. 33
14 a. a. O., S. 10 f
15 a. a. O., S. 23
16 a. a. O., S. 21 f
17 Brandes, Bd. 1, S. 81
18 G. Desnoiresterres: «Voltaire». 8 Bde. Neudruck Genf 1967. Bd. 1, S. 120
19 Corr., Pariser Ausg. Bd. 1, S. 46
20 Brandes, Bd. 1, S. 88
21 Corr., Pariser Ausg. Bd. 1, S. 57
22 Liselotte von der Pfalz: «Briefe». Ebenhausen 1921. S. 360 f
23 Corr., Pariser Ausg. Bd. 1, S. 171
24 a. a. O., S. 179

25 Einleitung zu: *Für Wahrheit und Menschlichkeit.* Leipzig 1932. S. 1
26 Corr., Pariser Ausg. Bd. 1, S. 184 f
27 a. a. O., S. 188
28 *Mélanges.* Bibl. de la Pléiade. Paris 1965. S. 26 f
29 Corr., Pariser Ausg. Bd. 1, S. 187
30 Brandes, Bd. 1, S. 146
31 R. Pomeau: «Voltaire par lui-même». Paris 1955. S. 24
32 Corr., Genfer Ausg. Bd. 20, S. 394
33 *Œuvres.* Bd. 12, S. 381 f
34 *Œuvres historiques.* Bibl. de la Pléiade. Paris 1962. S. 272
35 Corr., Pariser Ausg. Bd. 2, S. 353
36 Orieux, Bd. 1, S. 193
37 *Mélanges.* S. 21
38 a. a. O., S. 16
39 Brandes, Bd. 1, S. 219
40 *Œuvres.* Bd. 14, S. 329
41 Corr., Pariser Ausg. Bd. 1, S. 816 f
42 a. a. O., S. 481 f
43 Ch. Seignobos: «Geschichte der französischen Nation». München–Berlin 1935. S. 221
44 Corr., Pariser Ausg. Bd. 1, S. 492
45 *Mélanges.* S. 203
46 a. a. O., S. 204
47 Corr., Pariser Ausg. Bd. 1, S. 816
48 Orieux, Bd. 1, S. 243
49 Corr., Pariser Ausg. Bd. 1, S. 845
50 Seignobos, S. 220
51 Corr., Pariser Ausg. Bd. 2, S. 891
52 J. Bernhart: «Der Vatikan als Thron der Welt». Leipzig 1930. S. 279 f
53 Corr., Genfer Ausg. Bd. 14, S. 222 f
54 Corr., Pariser Ausg. Bd. 1, S. 782
55 Übers. D. F. Strauß: «Voltaire». Leipzig 1870. S. 107
56 *Œuvres.* Bd. 12, S. 237
57 a. a. O., S. 216
58 Einleitung zu: «Sämtliche Romane und Erzählungen». 2 Bde. Leipzig 1948. Bd. 1, S. XXIX
59 Desnoiresterres, Bd. 3, S. 233
60 Corr., Genfer Ausg. Bd. 17, S. 157
61 a. a. O., S. 175
62 *Lettres d'amour à sa nièce.* Paris 1957. S. 13 f
63 Orieux, Bd. 1, S. 425
64 «Briefwechsel Friedrichs d. Gr. mit Voltaire». T. 1, S. 2 f
65 a. a. O., S. 4 f
66 a. a. O., S. 48
67 Ebd.
68 Friedrich d. Gr.: «Denkwürdigkeiten seines Lebens ...». 2 Bde. Leipzig 1886. Bd. 1, S. 126 f

69 *Œuvres.* Bd. 70, S. 287 f
70 a. a. O., S. 289
71 «Briefwechsel Friedrichs d. Gr. mit Voltaire». T. 2, S. 262 f
72 a. a. O., S. 264
73 a. a. O., S. 314 f
74 Corr., Genfer Ausg. Bd. 18, S. 192 f
75 *Œuvres historiques.* S. 785
76 Corr., Pariser Ausg. Bd. 1, S. 554 f
77 *Mélanges.* S. 1382
78 a. a. O., S. 254
79 a. a. O., S. 265
80 a. a. O., S. 267 f
81 a. a. O., S. 270
82 Corr., Genfer Ausg. Bd. 18, S. 180
83 a. a. O., S. 197
84 a. a. O., S. 245 f
85 G. E. Lessing: «Sinngedichte. Neue Folge»
86 «Briefwechsel Friedrichs d. Gr. mit Voltaire». T. 2, S. 328, 331
87 Friedrich d. Gr.: Denkwürdigkeiten. Bd. 1, S. 363 f
88 Strauß, S. 169 f
89 R. Koser: «Geschichte Friedrichs des Großen». 4 Bde. Stuttgart–Berlin 1912–1913. Bd. 2, S. 270
90 a. a. O., S. 271
91 Corr., Genfer Ausg. Bd. 21, S. 180
92 «Briefwechsel Friedrichs d. Gr. mit Voltaire». T. 2, S. 398
93 *Œuvres.* Bd. 70, S. 312
94 Friedrich d. Gr.: Denkwürdigkeiten. Bd. 1, S. 371
95 *Œuvres.* Bd. 70, S. 313 f
96 Corr., Genfer Ausg. Bd. 24, S. 148
97 a. a. O., Bd. 26, S. 176
98 a. a. O., Bd. 34, S. 257
99 Strauß, S. 191 f
100 Corr., Genfer Ausg. Bd. 69, S. 2
101 a. a. O., Bd. 33, S. 100
102 *Mélanges.* S. 1210
103 Corr., Genfer Ausg. Bd. 30, S. 197
104 *Œuvres.* Bd. 68, S. 353
105 a. a. O., Bd. 70, S. 330 f
106 *Candide.* Übers. v. H. Studniczka. Hamburg 1957 (= Rowohlts Klassiker. 8). S. 126
107 A. Schopenhauer: «Die Welt als Wille und Vorstellung». 4. Buch, 46. Kapitel
108 *Candide,* a. a. O., S. 8
109 a. a. O., S. 18
110 a. a. O., S. 69
111 K. Tucholsky: «Ausgewählte Werke». 2 Bde. Reinbek 1965. Bd. 2, S. 75
112 Corr., Genfer Ausg. Bd. 56, S. 5

113 *Dictionnaire philosophique.* Paris 1967. S. 59
114 a. a. O., S. 169 f
115 a. a. O., S. 7
116 a. a. O., S. 197
117 Ebd.
118 Corr., Genfer Ausg. Bd. 54, S. 146
119 K. Vorländer: «Philosophie der Neuzeit». Reinbek 1967 (= rowohlts deutsche enzyklopädie. 281/282). S. 52
120 P. Hazard: «Die Herrschaft der Vernunft». Hamburg 1949. S. 559
121 Einleitung zu: «Sämtliche Romane und Erzählungen». Bd. 1, S. XXV
122 *Mélanges.* S. 638 f
123 J.-P. Sartre: «Was ist Literatur?». Hamburg 1958 (= rowohlts deutsche enzyklopädie. 65). S. 168
124 Corr., Genfer Ausg. Bd. 62, S. 45
125 a. a. O., Bd. 72, S. 293
126 Friedrich d. Gr.: Denkwürdigkeiten. Bd. 2, S. 161
127 *Œuvres.* Bd. 68, S. 32
128 Th. Besterman: «Voltaire Essays and another». London 1962. S. 97 f
129 Corr., Genfer Ausg. Bd. 27, S. 230 f
130 J.-J. Rousseau: «Ausgewählte Briefe». Übers. v. F. Wiegand. Leipzig o. J. S. 26 f
131 a. a. O., S. 52
132 a. a. O., S. 88 f
133 Corr., Genfer Ausg. Bd. 68, S. 280
134 J. Boswell: «Große Reise». Stuttgart–Konstanz 1955. S. 330
135 «Die französischen Moralisten. Neue Folge». Wiesbaden 1940. S. 108 f
136 a. a. O., S. 112 f
137 «Briefwechsel Friedrichs d. Gr. mit Voltaire». T. 3, S. 65 f
138 a. a. O., S. 71 f
139 a. a. O., S. 98 f
140 a. a. O., S. 65
141 Corr., Genfer Ausg. Bd. 69, S. 2
142 a. a. O., Bd. 68, S. 120
143 a. a. O., S. 281
144 a. a. O., Bd. 51, S. 61
145 a. a. O., Bd. 52, S. 40
146 a. a. O., Bd. 69, S. 17 f
147 «Aus dem Hauptquartier der Aufklärung». S. 30
148 Orieux, Bd. 2, S. 374
149 Corr., Genfer Ausg. Bd. 44, S. 255
150 a. a. O., Bd. 75, S. 88
151 a. a. O., Bd. 49, S. 52
152 «Aus dem Hauptquartier der Aufklärung». S. 38
153 S. G. Longchamp und J. L. Wagnière: «Mémoires sur Voltaire». Paris 1826. 2 Bde. Bd. 2, S. 121 f
154 Brandes, Bd. 2, S. 407
155 Ebd.

156 Desnoiresterres, Bd. 8, S. 234
157 a. a. O., S. 236
158 a. a. O., S. 247
159 «Briefwechsel Friedrichs d. Gr. mit Voltaire». T. 3, S. 428
160 Corr., Genfer Ausg. Bd. 98, S. 247
161 Desnoiresterres, Bd. 8, S. 360
162 a. a. O., S. 379
163 S. G. Longchamp und J. L. Wagnière, Bd. 2, S. 161
164 «Briefwechsel Friedrichs d. Gr. mit Voltaire». T. 3, S. 358

# ZEITTAFEL

1694 21. November: François-Marie Arouet in Paris geboren (nach Voltaires eigenen Angaben erfolgte die Geburt bereits am 20. Februar). Eltern: François Arouet (geb. 1651), Notar am Pariser Justizpalast Châtelet, später königlicher Rat, und Marie Catherine aus dem Hause Daumart de Mauléon (geb. um 1661)

1701 13. Juli: Tod der Mutter

1704 Aufnahme in das Jesuitenkolleg «Lycée Louis-le-Grand»

1706 Schreibt erste Gedichte und verschollene Tragödie – *Amulius et Numitor* (*Amulius und Numitor*)

1711 Verläßt das Kolleg; wird Student der Rechte

1713 Reise nach Den Haag in Begleitung des französischen Gesandten. Erste Liebe zu Olympe Dunoyer. Konflikt mit dem Vater

1714 Umgang mit Aristokraten und Libertins im Temple-Bezirk. Satirische Gelegenheitsgedichte und Arbeit an der Tragödie *Œdipe* (*Ödipus*). Gibt Rechtsstudium auf; wird Advokatengehilfe

1715 Tod Ludwigs XIV. An Stelle des minderjährigen Königs Ludwig XV. übernimmt der Herzog Philipp von Orléans die Regentschaft

1716 Verbannung in die «Provinz», auf das Schloß Sully-sur-Loire, wegen eines satirischen Poems

1717 16. Mai: Einlieferung in die Bastille wegen einer Satire gegen den Regenten. Arbeit an Epos über Heinrich IV., der späteren *Henriade*

1718 11. April: Entlassung aus der Bastille

18. November: Erfolgreiche Premiere der Tragödie *Œdipe*, die dann unter dem zum erstenmal benutzten Pseudonym «Monsieur de Voltaire» im Druck erscheint

1720 Häufige Aufenthalte auf Adelsschlössern um Paris

1722 1. Januar: Tod des Vaters. Reise nach Holland und Belgien

1723 Läßt Epos um Heinrich IV. unter Titel *Poème de la Ligue* (*Gedicht von der Liga*) heimlich in Rouen drucken. Schwere Pockenerkrankung. Tod des Regenten, Regierungsantritt Ludwigs XV.

1725 Bei der Hochzeit Ludwigs XV. werden drei Stücke Voltaires aufgeführt. Er erhält Jahrgelder des Königs und der Königin

1726 4. Februar: Nach Wortwechsel mit dem Chevalier de Rohan wird Voltaire von dessen Dienern verprügelt

17. April: Einlieferung in die Bastille auf Betreiben der Familie Rohan

5. Mai: Überfahrt von Calais nach England

September: Tod der einzigen, acht Jahre älteren Schwester Marguerite Catherine, Gattin des Beamten an der Rechnungskammer Mignot

1728 Das der englischen Königin gewidmete Epos *La Henriade* (*Die Henriade*) wird großer Bucherfolg

1729 Februar (vielleicht schon vorher): Rückkehr nach Frankreich

1731 *L'Histoire de Charles XII* (*Die Geschichte Karls XII.*) erscheint nach Schwierigkeiten mit der Zensur

1732 13. August: Glanzvolle Premiere der Tragödie *Zaire*

1733 Literatursatire *Le Temple du Goût* (*Der Tempel des Geschmacks*) erbittert Pariser Schriftsteller gegen Voltaire. Beginn der Beziehungen zur Marquise Emilie du Châtelet

1734 Heimlicher Druck und illegale Veröffentlichung der *Lettres Philosophiques* (*Philosophische Briefe*). Entzieht sich Verhaftung durch Flucht auf das Schloß Cirey der Marquise du Châtelet, das ab Juli sein Hauptdomizil für fünfzehn Jahre wird

1736 Beginn des Briefwechsels mit Friedrich von Preußen. Flucht nach Holland wegen des Aufsehens, das das Poem *Le Mondain* (*Der Weltmann*) in Paris erregt

1738 *Éléments de la philosophie de Newton* (*Elemente der Philosophie Newtons*)

1740 Erstes Treffen mit Friedrich II., der König geworden ist, in Kleve; weitere Begegnungen in Rheinsberg und Berlin

1742 Tragödie *Mahomet* auf Drängen klerikaler Kreise in Paris vom Spielplan abgesetzt

1743 Reise nach Berlin und Bayreuth

1745 18. Februar: Tod des einzigen, zehn Jahre älteren Bruders, des Juristen Armand Arouet

25. Februar: Premiere des Festspiels *La Princesse de Navarre* (*Die Prinzessin von Navarra*) bei der Hochzeit des Thronfolgers

1. April: Ernennung zum Historiographen Ludwigs XV.

1746 25. April: Aufnahme in die Académie Française und kurz darauf in die Petersburger Akademie. Ernennung zum Kammerherrn, zum «Gentilhomme ordinaire de la chambre du roi»

1747 Erzählung *Zadig*

1749 10. September: Tod von Emilie du Châtelet im Kindbett. Anschließend Übersiedlung von Cirey nach Paris

1750 28. Juni: Verläßt Paris, um sich auf Einladung Friedrichs II. nach Preußen zu begeben. Wird Teilnehmer der «Tafelrunde von Sanssouci»

1751 Abschluß der Arbeit an dem vor anderthalb Jahrzehnten begonnenen Werk *Le Siècle de Louis XIV* (*Das Jahrhundert Ludwigs XIV.*), das im Dezember in Berlin erscheint

1752 Nach Aufsehen erregendem Prozeß mit Juwelenhändler Hirschel Konflikt mit Friedrich II. wegen der gegen den Akademiepräsidenten Maupertuis gerichteten *Diatribe du docteur Akakia* (*Streitschrift des Doktor Akakia*)

1753 27. März: Verläßt Berlin, wird bei Zwischenaufenthalt in Frankfurt durch preußischen Residenten arretiert. Glanzvolle Aufnahme in Mannheim und Schwetzingen durch den pfälzischen Kurfürsten

1754 Da Rückkehr nach Paris unmöglich, siedelt Voltaire im Dezember nach Genf über. Die Nichte Marie-Louise, Witwe des Kriegskommissars Denis, wird seine ständige Hausgenossin

1755 Ankauf der Villa Les Délices. Erscheinen eines von Voltaire nicht genehmigten Raubdrucks seiner Burleske um Jeanne d'Arc: *La Pucelle* (*Die Jungfrau*). Beginn der langjährigen Mitarbeit an der «Encyclopédie»

1756 Der *Essai sur les mœurs et l'esprit des nations* (*Versuch über die Sitten und den Geist der Nationen*), an dem Voltaire seit 1741 arbeitete, erscheint in Genf

1758 Ankauf der Herrschaften Ferney und Tournay im französischen Grenzgebiet

1759 Roman *Candide* veröffentlicht. Uraufführung der Tragödie *Tancrède* (*Tankred*) in Paris. Nach Prägung der Formel *Écrasez l'infâme* [Zermalmt die Unverschämte] wird Voltaire in den nächsten Jahren zu immer resoluterem Kämpfer für Aufklärung und Toleranz gegen geistige Bevormundung durch Zensur und Klerus

1760 Höhepunkt des Streites und Bruch mit Rousseau. Abschluß der *Mémoires pour servir à la vie de M. de Voltaire* (*Memoiren aus dem Leben des Herrn von Voltaire*)

1762 Hinrichtung von Jean Calas. Beginn der jahrelangen Aktivität Voltaires als «Anwalt der Verfolgten» in den Prozessen Calas, Sirven und anderen Justizaffären

1763 *Traité sur la tolérance à l'occasion de la mort de Jean Calas* (*Traktat über die Toleranz aus Anlaß des Todes von Jean Calas*) sowie *Histoire de l'empire de Russie sous Pierre le Grand* (*Geschichte des russischen Reiches unter Peter dem Großen*) veröffentlicht

1764 *Dictionnaire philosophique portatif* (*Philosophisches Taschenwörterbuch*)

1765 Calas rehabilitiert. *La Philosophie de l'histoire* (*Die Philosophie der Geschichte*)

1766 *Le Philosophe ignorant* (*Der unwissende Philosoph*)

1767 Veröffentlichung der religionskritischen Abhandlung *Examen important de Milord Bolingbroke ou le tombeau du fanatisme* (*Wichtige Untersuchung des Lords Bolingbroke oder das Grab des Fanatismus*) und der Erzählung *L'Ingénu* (*Das Naturkind*)

1768 Streit mit der Nichte Marie-Louise, die Ferney für anderthalb Jahre verläßt. Erzählung *La Princesse de Babylon* (*Die Prinzessin von Babylon*)

1769 *Dieu et les hommes* (*Gott und die Menschen*) und andere kirchenkritische Schriften

1770 Beginn des letzten großen Werkes, der neun Bände der *Questions sur l'Encyclopédie* (*Enzyklopädische Fragen*), die zwei Jahre später abgeschlossen werden. Voltaire tritt bis 1777 in Denkschriften und Petitionen für Rechte der Leibeigenen im Juragebiet ein

1773 Erste schwere Erkrankung an «strangurie», Blasenentzündung und Harnzwang, der Hauptursache des späteren Todes

1774 Tod Ludwigs XV. Regierungsantritt Ludwigs XVI.

1778 10. Februar: Eintreffen in Paris nach fast achtundzwanzigjähriger Abwesenheit. Nach Anstrengungen infolge Empfangs von Hunderten von Besuchern gesundheitlicher Zusammenbruch, Blutsturz und Fieber

2. März: Sogenannte «Beichte», aber Ablehnung des Abendmahls

30. März: Ehrung des knapp Genesenen durch die Akademie. Tri-

umphale Aufführung der Tragödie *Irène.* Voltaire von den Parisern gefeiert
11. Mai: Letzte schwere Erkrankung. Voltaire muß das Bett hüten
30. Mai gegen elf Uhr abends: Tod. In derselben Nacht Sektion der Leiche und Überführung in die Abtei Scellières in der Champagne, wo die Beisetzung erfolgt. Ende des Jahres Verkauf des Gutes Ferney durch die Haupterbin, die Nichte Marie-Louise, an den Marquis de Villette. Madame Denis veräußert ferner Voltaires Bibliothek an die Zarin Katharina von Rußland

1791 30. Mai: Voltaires sterbliche Überreste werden laut Beschluß der Nationalversammlung aus der Abteikirche von Scellières in das Pariser Panthéon übergeführt

1814 Mai: Royalistische Gegner der Französischen Revolution rauben die Leichname Voltaires und Rousseaus aus dem Panthéon und verscharren sie an einem unbekannten Platz nahe der Seine

# ZEUGNISSE

## Gotthold Ephraim Lessing

Hier liegt – wenn man euch glauben wollte,
Ihr frommen Herrn! – der längst hier liegen sollte.
Der liebe Gott verzeih' aus Gnade
Ihm seine *Henriade*
Und seine Trauerspiele
Und seiner Verschen viele;
Denn was er sonst an's Licht gebracht,
Das hat er ziemlich gut gemacht.

*Grabschrift auf Voltairen. 1779*

## Johann Wolfgang von Goethe

Wenn Familien sich lange erhalten, so kann man bemerken, daß die Natur endlich ein Individuum hervorbringt, das die Eigenschaften seiner sämtlichen Ahnherren in sich begreift und alle bisher vereinzelten und angedeuteten Anlagen vereinigt und vollkommen ausspricht. Ebenso geht es mit Nationen, deren sämtliche Verdienste sich wohl einmal, wenn es glückt, in einem Individuum aussprechen. So entstand in Ludwig dem XIV. ein französischer König im höchsten Sinne, und ebenso in Voltaire der höchste unter den Franzosen denkbare, der Nation gemäßeste Schriftsteller. Tiefe, Genie, Anschauung, Erhabenheit, Naturell, Talent, Verdienst, Adel, Geist, schöner Geist, guter Geist, Gefühl, Sensibilität, Geschmack, guter Geschmack, Verstand, Richtigkeit, Schickliches, Ton, guter Ton, Hofton, Mannigfaltigkeit, Fülle, Reichtum, Fruchtbarkeit, Wärme, Magie, Anmut, Grazie, Gefälligkeit, Leichtigkeit, Lebhaftigkeit, Feinheit, Brillantes, Saillantes, Petillantes, Pikantes, Delikates, Ingenioses, Stil, Versifikation, Harmonie, Reinheit, Korrektion, Eleganz, Vollendung. Von allen diesen Eigenschaften und Geistesäußerungen kann man vielleicht Voltairen nur die erste und die letzte, die Tiefe in der Anlage und die Vollendung in der Ausführung, streitig machen.

*Anmerkungen zu «Rameaus Neffe». 1805*

## Arthur Schopenhauer

Was diesen großen Mann, den ich, den Schmähungen feiler deutscher Tintenkleckser gegenüber, so gerne lobe, entschieden höher als Rousseau stellt, indem es die größere Tiefe seines Denkens bezeugt, sind drei Einsichten, zu denen er gelangt war: 1) die von der überwiegenden Größe des Übels und vom Jammer des Daseins, davon er tief durchdrungen ist; 2) die von der strengen Nezessitation der Willensakte; 3) die von der Wahrheit des Lockeschen Satzes, daß möglicherweise das Denkende auch materiell sein könne; während Rousseau alles dieses durch Deklamationen bestreitet, in seiner «Profession de foi du vicaire Savoyard», einer flachen protestantischen Pastorenphilosophie. *Die Welt als Wille und Vorstellung. 1859*

## Charles Baudelaire

Ich langweile mich in Frankreich, vor allem, weil dort alle Welt Voltaire ähnelt. Emerson hat in seinen «Repräsentanten der Menschheit» Voltaire vergessen. Er hätte ein artiges Kapitel schreiben können, betitelt: Voltaire oder der Antipoet, der König der Maulaffen, der Fürst der Vielzuvielen, der Prediger der Portiers, der Vater Gigogne, der Redakteur vom «Siècle». *Tagebücher. Um 1860*

## Jules und Edmond de Goncourt

Essen bei Magny. Der Kampf geht um Voltaire. Indem wir beide von dem Schriftsteller sprechen und weder seinen sozialen noch seinen politischen Einfluß in Betracht ziehen, bestreiten wir seinen literarischen Wert, wagen, uns der Meinung des Abbé Trublet anzuschließen, der ihn «die vollendete Mittelmäßigkeit» nannte. Wir wollen ihm nur die Bedeutung eines Volksaufklärers, eines Journalisten, nicht mehr, zugestehen. Darf man von seinen Bühnendramen sprechen? Seine Geschichtsschreibung: das ist die aufdringliche und törichte Dummheit und Konvention der uralten üblichen Geschichtsschreibung. Seine Wissenschaft, seine Hypothesen, der Spott seiner gelehrten Zeitgenossen. Das einzige Werk, weshalb er gelebt zu haben verdient, sein berühmter *Candide*, ist prosaischer Lafontaine, abgefüllter Rabelais. Alle fallen uns ins Wort, und Sainte-Beuve endet mit der Erklärung, daß Frankreich erst frei sein werde, wenn Voltaire seine Statue auf der Place Louis XV. erhalte.

*Tagebuch. 28. März 1863*

### Friedrich Nietzsche

Voltaire war der letzte der großen Dramatiker, welcher seine vielgestaltige, auch den größten tragischen Gewitterstürmen gewachsene Seele durch griechisches Maß bändigte, – er vermochte das, was noch kein Deutscher vermochte, weil die Natur des Franzosen der griechischen viel verwandter ist als die Natur des Deutschen ––; wie er auch der letzte große Schriftsteller war, der in der Behandlung der Prosa-Rede griechisches Ohr, griechische Künstler-Gewissenhaftigkeit, griechische Schlichtheit und Anmut hatte; ja wie er einer der letzten Menschen gewesen ist, welche die höchste Freiheit des Geistes und eine schlechterdings unrevolutionäre Gesinnung in sich vereinigen können, ohne inkonsequent und feige zu sein. Seitdem ist der moderne Geist mit seiner Unruhe, seinem Haß gegen Maß und Schranke, auf allen Gebieten zur Herrschaft gekommen.

*Menschliches, Allzumenschliches. 1878*

### Heinrich Mann

Voltaire findet sich weit eher mit der weltlichen Macht ab als mit der geistlichen. Er ist der Bürger, dessen Wehrbarkeit der Geist ist, der den Geist zu Geld und Macht münzt, der den Adel und das Volk, beide, haßt und fürchtet. Sein Haß auf Rousseau gilt dem Mann des Volkes. Aber der Geist in ihm ward wie im Laufe von Generationen, immer stärker, immer abgelöster, überwand die Bürgerlichkeit, die Furcht sogar, vollbrachte Heldentaten, erzeugte – o Wunder – selbst Güte! Die Leidenschaft des Geistes hat Voltaire gerettet. Goethe hat zur Menschheit die hohe, ferne Liebe eines Gottes zu seiner Schöpfung; Voltaire kämpft für sie im Staub. Er ist einseitig und will nicht anders sein. Er ist die Revolte des Menschen gegen die Natur, gegen ihre Stumpfheit und Langsamkeit, Ungerechtigkeit und Härte. Ihrem dummen Ernst sticht er Wunden mit seinem Witz, der menschlichsten Erfindung. Er haßt alles Herkömmliche, unbewußt Gewordene, das sich dem Gedanken, der Kritik entziehen möchte. Er fragt nicht nach dem Willen der Natur und ihrer Tochter, der Überlieferung; er nimmt nicht ihre Befehle hin; er fordert selbst, kraft der Gesetze, die in ihm sind: kraft der Gerechtigkeit und der Wahrheit.

*Voltaire – Goethe. 1910*

## Theodore Besterman

Worum handelte es sich also bei diesem außergewöhnlichen Phänomen namens Voltaire? Er war der typischste Mensch, der vollkommenste Franzose, den es jemals gab. Aber dieser Franzose war zugleich das universellste Genie seines Jahrhunderts. Er wurde es durch seine langen Aufenthalte in England, Holland, Deutschland, in der Schweiz, durch seine zahlreichen Freundschaften in fast allen Ländern Europas, durch seine umfassende und tiefschürfende Lektüre; aber er wurde vor allem dadurch zu etwas Besonderem, daß er für alle Menschen fühlte und eine Sprache gebrauchte, die alle verstanden. Wenn man für Voltaire einen Slogan erfinden müßte, so paßt am besten: Vernunft und Klarheit.

*Rede zur Einweihung des Genfer «Institut et Musée Voltaire»*
*am 2. Oktober 1954*

## Hugo Friedrich

Das 18. Jahrhundert heißt zuweilen «das Jahrhundert Voltaires». Genau besehen, trifft die Bezeichnung nicht zu, weil sie die emotionalen und vorromantischen Kräfte der Epoche unterschlägt. Aber sie ist die Folge der Autorität, die Voltaire ausgeübt hat. Nicht alle, aber die meisten Züge der französischen Aufklärung sind in ihm aufs reinste verkörpert. Analytisches Denken in scharfer begrifflicher Fassung. Mut zur Einfachheit, Mißtrauen gegen ungeprüfte Herkömmlichkeiten, ein aus der Selbstsicherheit der Vernunft geborener Witz, Abneigung gegen Metaphysik und Systemstrenge, Heiterkeit als Ausweis der Wahrheit und Freiheit, kühle Grazie, Höflichkeit, Behendigkeit, Unlust zu erdhaften oder dichterischen Urgewalten: diese Züge des Zeitalters sind auch die seinen. Die sehr französische Gleichsetzung von Wahrheit und Klarheit ist zwar nicht sein Werk, aber seine konsequenteste Leitidee und zusammen mit dem Prestissimo seines Stiles seine hervorstechendste Eigenschaft. Es ist üblich und auch gewiß richtig, ihm Tiefe und Gemüt abzusprechen. Aber müssen Gemüt und Tiefe unbedingt die Voraussetzungen des großen Schriftstellers sein, wenn andere da sind, wie die Unbestechlichkeit der Vernunft, die Fechtkunst des Witzes, die geistreiche Eleganz und die Gabe, alles Schwere und Schwierige des gegnerischen wie des eigenen Denkens in ein Spiel zu verwandeln, und sei es selbst in ein teuflisches?

*Nachwort zur Neuausgabe von Candide. 1957*

Jean Orieux

Europa hatte zu dieser Zeit zwei Könige, den König von Preußen und König Voltaire. Der erste lenkte die Politik der anderen Herrscher nach seinem Wunsch. Er zwang ihnen Krieg oder Frieden auf, er warf ihre Bündnisse über den Haufen und raubte Höfen und Kanzleien den Schlaf. Gott und selbst der Papst waren ihm gleichgültig. Außerdem schrieb er französische Verse. Der zweite, Voltaire, hatte anfänglich nur über das Theater geherrscht. Dann aber sicherte er sich eine heimliche, tiefwurzelnde Macht, indem er ganz Europa, seine Könige, seine Schriftsteller und seine vornehme Gesellschaft die Kunst zu sprechen und zu schreiben lehrte, bis diese schließlich mit der Sprache des Meisters auch seine Gedanken übernahmen. Europas Elite war also um die Mitte des Jahrhunderts die ergebene, und zwar freudig ergebene, Untertanin eines Dichters und Philosophen, der der am wenigsten majestätische, aber der interessanteste Mann der Welt war. Der erste dieser beiden Könige besaß die Gewalt der Waffen, der zweite die des Geistes. Aber der König der Waffen war klug genug, auch Geist in sein Spiel einzubeziehen. Des einen wie des andern Königtum hatte diesen gemeinsamen Zug: sie waren in den Augen des konservativen Europa gleich ärgerniserregend und gleich unangreifbar.

*Das Leben des Voltaire. 1966*

# BIBLIOGRAPHIE

Eine Bibliographie aller wichtigeren Voltairiana wird wohl stets ein unerfüllbarer Wunsch bleiben. Auch die im folgenden aufgeführten Nachschlagewerke umfassen stets nur zeitlich begrenzte Ausschnitte und Teilgebiete. Für die französischen Voltaire-Ausgaben bis zum Ausgang des vorigen Jahrhunderts bietet das Werk von Georges Bengesco immer noch die gründlichste Übersicht, während die deutschen Übersetzungen, auch von Nebenwerken des Autors, nahezu vollständig in der Bibliographie von Fromm erfaßt sind. Über die Sekundärliteratur orientieren recht genau die beiden Bände der in den USA erschienenen «Critical bibliography of french literature» sowie die Titelverzeichnisse der Amerikanerin Mary-Margaret H. Barr, die auch Zeitschriftenaufsätze und Dissertationen berücksichtigen. In der nachfolgenden Bibliographie werden Publikationen in französischer, englischer und deutscher Sprache aufgeführt, während die in Rußland, Italien und anderen Ländern erschienenen Voltairiana nur in Ausnahmefällen erwähnt werden konnten. Zur laufenden Information über den Stand der Forschung sind besonders wichtig die «Studies on Voltaire and the eighteenth century», die das in dem Genfer Hause Voltaires Les Délices untergebrachte «Institut et Musée Voltaire» alljährlich publiziert.

## *1. Bibliographien*


BARR, M. M. H.: A bibliography of writings on Voltaire 1825–1925. New York 1929 – Forts.: Bibliographical data on Voltaire from 1926 to 1930. In: Modern Language Notes. Baltimore 1933 – Bibliographical data on Voltaire from 1931 to 1940. In: Modern Language Notes. Baltimore 1941

BENGESCO, G.: Voltaire. Bibliographie de ses œuvres. 4 Bde. Paris 1882–1891 – Hierzu ergänzend: J. MALCOLM, Table de la bibliographie de Voltaire de Bengesco. Genf 1953 – TH. BESTERMAN, Quelques éditions anciennes inconnues à Bengesco. Genf 1954

CABDEEN, D. C. (Hg.): Critical bibliography of french literature. 4 Bde. Syracuse 1951 [insbesondere Bd. 4] – Ergänzend: Supplementbd. Syracuse 1968

FROMM, H.: Bibliographie deutscher Übersetzungen aus dem Französischen. 6 Bde. Baden-Baden 1953 [insbesondere Bd. 6]

LANSON, G.: Manuel bibliographique de la littérature française moderne. Paris 1930

WALLICH, P., und H. VON MÜLLER: Die deutsche Voltaire-Literatur des 18. Jahrhunderts. Berlin 1921 [Privatdruck]

## 2. *Schriften und Briefe*

### a) Französische Sammelausgaben

Œuvres complètes. Hg. von P. de Beaumarchais. 70 Oktavbde. od. 93 Duodezbde. Kehl 1783–1789

Œuvres. Hg. von M. Beuchot. 72 Bde. Paris 1828–1840

Œuvres complètes. Hg. von E. de la Bédollière und G. Avenel. 9 Bde. Paris 1873

Œuvres complètes. Hg. von L. Moland. 52 Bde. Paris 1877–1885 [Letzte annähernd vollständige Edition, die auch wie die meisten anderen Sammelausgaben die bis dahin bekannten Briefe Voltaires enthält.]

Œuvres. Hg. von R. Groos, J. van den Heuvel und R. Pomeau. 3 Bde. Paris 1957–1961 (Edition: Bibliothèque de la Pléiade)

Œuvres. 12 Bde. Mit Bildern von Ch. Monnet und J. M. Moreau. Paris 1967–1968 (Edition: Boutan Marguin [Enthält Romane und Erzählungen, lyrische und epische Dichtungen sowie *Le Siècle de Louis XIV*])

Vgl. im übrigen die Zusammenstellung der Werkausgaben und Anthologien aus Voltaire bei Bengesco, Bd. 4, S. 1–204

### b) Deutsche Sammelausgaben und Anthologien

Vermischte kleine philosophische und historische Schriften. Übers. von K. F. Romanus. 6 Bde. Dresden 1768–1775

Werke. Übers. von W. S. C. Mylius [u. a.]. 26 Bde. Berlin 1786–1794

Vorzüglichste Schriften. [Französisch und deutsch.] 36 Bde. Wien 1810

Sämtliche Werke. Übers. von F. Gleich [u. a.]. 30 Bde. Berlin 1825–1830

Werke in zeitgemäßer Auswahl. Übers. von A. Ellissen. 12 Teile in 5 Bden. Leipzig 1844–1846

Voltaire. Seine Persönlichkeit in seinen Werken. Hg. von K. Schirmacher. Stuttgart 1906 (= Aus der Gedankenwelt großer Geister. Bd. 1)

Das Lächeln Voltaires. Ein Buch für diese Zeit. Übers. von I. Goll. Basel–Leipzig 1921

Voltaire. Aus dem Hauptquartier der Aufklärung. Einl. und Ausw. von P. Sakmann. Stuttgart 1922 (= Frommanns philosophische Taschenbücher. Bd. 1)

Aus Voltaires Gedankenwelt. Hg. von A. v. Gleichen-Russwurm. Berlin 1923. (= Deutsche Bibliothek. Bd. 146)

Für Wahrheit und Menschlichkeit. Voltaires Schriften ausgew. und eingel. von P. Sakmann. Leipzig 1932 (= Kröners Taschenausgabe. Bd. 40)

### c) Ausgaben wichtiger Einzelwerke

*Carnets de Notes* s. u. *Notebooks*

*Dictionnaire philosophique portatif*: Krit. Neuausg. von R. Naves und J. Benda. Paris 1967. In: Classiques Garnier

Dt. Ausw. u. d. Titel: 16 Artikel aus dem Philosophischen Taschenwörterbuch. Übers. von U. F. MÜLLER. Ebenhausen 1966 – U. d. Titel: Aus dem Philosophischen Wörterbuch. Übers. von E. SALEWSKI und K. STIERLE. Frankfurt a. M. 1967 (= Sammlung Insel. Bd. 32)

*Essai sur les mœurs et l'esprit des nations*: Krit. Neuausg. von R. POMEAU. 2 Bde. Paris 1963. In: Classiques Garnier

Dt. Ausg. u. d. Titel: Über den Geist und die Sitten der Nationen. Übers. von K. F. WACHSMUTH. 6 Bde. Leipzig 1867–1868

*Examen important de Milord Bolingbroke ou le tombeau du fanatisme*: Kommentierte Neuausg. von J. VAN DEN HEUVEL. Paris 1961 [In dem Band: *Mélanges* der Edition der Bibl. de la Pléiade]

*La Henriade*: Krit Neuausg. von O. R. TAYLOR. 2 Bde. Genf 1965

Dt. Ausg. u. d. Titel: Die Henriade. Im Versmaß des Originals / übers. von F. SCHRÖDER. Leipzig 1843 – Übers. von PH. L. KRAFFT. Leipzig [um 1875] (= Reclams Universal-Bibliothek. 507)

*Histoire de Charles XII*: Kommentierte Neuausg. von R. POMEAU in dem Band: *Œuvres historiques* der Edition der Bibl. de la Pléiade

Dt. Ausg. u. d. Titel: Die Geschichte Karls XII. Übers. von A. SEUBERT. Leipzig [um 1875] (= Reclams Universal-Bibliothek. 714–716) – Übers. von P. ALTHAUS. Gotha 1924 – Übers. von TH. V. D. MÜHLL. Zürich 1943 – Neuaufl. Frankfurt a. M. 1963

*Lettres Philosophiques*: Krit. Neuausg. von J. VAN DEN HEUVEL. Paris 1961. In dem Band: *Mélanges* der Edition der Bibl. de la Pléiade – Hg. und Einl. von R. POMEAU. Paris 1964 – Hg. von G. LANSON. 2 Bde. Paris 1964

*Mémoires pour servir à la vie de M. de Voltaire*: Krit. Neuausg. von J. BRENNER. Paris 1965

Dt. Ausg. u. d. Titel: Mein Aufenthalt in Berlin. Übers. von H. JACOB. München 1921 – U. d. Titel: Denkwürdigkeiten aus dem Leben des Herrn von Voltaire. Übers. von H. BALZER. Berlin (Ost) 1958 – U. d. Titel: Über den König von Preußen. Übers. von A. BOTOND. Frankfurt a. M. 1967 (= Insel-Bücherei. 892)

*Le Mondain*: Krit. Neuausg. von A. MORIZE. Paris 1909 – Hg. von J. VAN DEN HEUVEL in dem Band: *Mélanges* der Edition d. Bibl. de la Pléiade

*Notebooks* (*Carnets de Notes*): Hg. von TH. BESTERMAN. 2 Bde. Genf 1952

*Le Philosophe Ignorant*: Kommentierte Neuausg. von J. VAN DEN HEUVEL in dem Band: *Mélanges* der Edition der Bibl. de la Pléiade

*La Pucelle*: Nachdruck der von Voltaire gebilligten Ausg. u. a. in der Librairie anti-cléricale. Paris 1881 – Ferner: Neuausg. bei Garnier. Paris 1881

Dt. Ausg. u. d. Titel: Die Jungfrau von Orleans. Neudruck der anonymen Nachdichtung in Versen d. Jahres 1809. Hg. und Einl. von F. v. ZOBELTITZ. Berlin o. J. [um 1900] – Dies. Nachdichtung. Einl. v. H. HERRMANN. München 1970 (= Goldmanns Gelbe Taschenbücher. 2599). – Erste vollst. Übers. i. Prosa v. M. JANSSEN und C. MORECK. Berlin 1920. – Dies. Übers. Bremen 1962 (Sammlung Dieterich. 294)

*Romans et contes*: Krit. Neuausg. von PH. VAN TIEGHEM. 4 Bde. Paris 1930 – Hg. von R. GROOS. Paris 1958 [In der Edition der Bibl. de la Pléiade] – Hg. von R. POMEAU. 3 Bde. Paris 1962 – Hg. von H. BÉNAC. Paris 1962.

In: Classiques Garnier

Dt. Ausg. u. d. Titel: Romane u. Erzählungen. Übers. von L. RUBINER [u. a.]. 2 Bde. Potsdam 1919 – Romane. Übers. von I. LINDEN. Berlin 1920. In: Werke der Weltliteratur – Erzählungen. Übers. von E. HARDT. Leipzig 1924 [Auswahl] – Sämtliche Romane und Erzählungen. Übers. von I. LEHMANN. Einl. von V. Klemperer. 2 Bde. Leipzig 1948; Bremen 1962 (= Sammlung Dieterich. 58, 59)

Einzelausgaben der Romane

*Candide.* Krit. Neuausg. von A. MORIZE. Paris 1957 – Hg. von R. POMEAU. Paris 1959

Dt. Übers. von H. STUDNICZKA. Mit Nachwort von H. Friedrich. Hamburg 1957 (= Rowohlts Klassiker. 8) – Übers. von E. SANDER. Stuttgart 1957 (= Reclams Universal-Bibliothek. 6549–6550) – Übers. von I. LINDEN. Mit Dokumentation von D. Hildebrandt. Frankfurt a. M.–Berlin 1963 (= Dichtung und Wirklichkeit. 12)

*L'Ingénu.* Krit. Neuausg. von W. R. JONES. Paris 1936

*Micromégas.* Krit. Neuausg. von I. O. WADE. Princeton 1950

*Zadig.* Krit. Neuausg. von G. ASCOLI. Paris 1929 – Hg. von V. L. SAULNIER. Genf–Lille 1946 – Dt. Übers. von A. ELLISSEN. Leipzig 1892 (= Reclams Universal-Bibliothek. 3012) – Übers. von E. HARDT. Leipzig 1925 (= Insel-Bücherei. 171) – Übers. von J. HAMMANN. Wuppertal 1947

*Le Siècle de Louis XIV*: Kommentierte Neuausg. von R. GROOS. Paris 1930 – Hg. von R. POMEAU in dem Band: *Œuvres historiques* der Edition der Bibl. de la Pléiade

Dt. Ausg. u. d. Titel: Das Zeitalter Ludwigs XIV. Übers von R. HABS. Leipzig 1885 (= Reclams Universal-Bibliothek. 2271–2278)

*Le Temple du Goût*: Krit. Neuausg. von E. CARCASSONNE. Paris 1938 – Hg. von J. VAN DEN HEUVEL in dem Band: *Mélanges* der Edition der Bibl. de la Pléiade

*Théâtre*: Neuausg. u. d. Titel: Théâtre complet de Voltaire. Paris 1873 – Théâtre choisi. Paris 1876. In: Édition Hachette – Théâtre. Paris 1875. In: Collection Michel Lévy – Théâtre. Hg. von G. BENGESCO. Paris 1966. In: Cercle du bibliophile

[Dt. Übers. außer in älteren Sammelausgaben die Nachdichtungen von W. v. GOETHE von *Mahomet* und *Tancred* in: Reclams Universal-Bibliothek 122 und 139 und Übers. von *Zaire* von M. GRÄFIN MALTZAN in Reclams Universal-Bibliothek 519]

*Traité sur la Tolérance*: Krit. Neuausg. von E. BERL. Genf 1948 – Hg. von J. VAN DEN HEUVEL in dem Band: *Mélanges* der Edition der Bibl. de la Pléiade

### d) Französische und deutsche Ausgaben der Briefe

Briefwechsel Friedrichs des Großen mit Voltaire. Hg. von R. KOSER und H. DROYSEN. 3 Teile in 2 Bdn. Berlin 1908–1911. In: Publikationen aus den königlich preußischen Staatsarchiven

Voltaires Briefwechsel. Übers. von K. SCHIRMACHER. Leipzig 1908

Voltaires Briefwechsel mit Friedrich dem Großen und Katharina II. Hg. von W. Mönch. Berlin 1944
Correspondance avec les Tronchin. Hg. von A. Delattre. Paris 1950
Lettres inédites à son imprimeur Gabriel Cramer. Hg. von B. Gagnebin. Genf 1952
Voltaire in seinen schönsten Briefen. Übers. von H. Missenharter. Stuttgart 1953
Correspondence. Hg. von Th. Besterman. 107 Bde. Genf 1953–1965 [Kommentar in engl. Sprache]
Textes nouveaux de la Correspondance de Voltaire. Hg. von V. S. Lublinsky. Moscou–Léningrad 1956 [Kommentar in russ. Sprache]
Lettres d'amour à sa nièce. Hg. von Th. Besterman. Paris 1957
Lettres choisies. Hg. von R. Naves. Paris 1961. In: Classiques Garnier
Correspondance. Hg. von Th. Besterman. Bd. 1: 1704–1738. Bd. 2: 1739–1748. Paris 1964–1965. In: Bibl. de la Pléiade [wird fortgesetzt]

### *3. Darstellungen der Epoche*

Albert, P.: La littérature française au 18e siècle. Paris 1926
Brulé, A.: Les gens de lettres. Paris 1929
Carré, H.: La France sous Louis XV. Paris 1891
Cassirer, E.: Die Philosophie der Aufklärung. Tübingen 1932
Dinkler, R.: Das Zeitalter der Aufklärung. Leipzig–Berlin 1918
Durant, W., und A. Durant: The age of Voltaire. New York 1965 – Übers. von E. Lipper u. d. Titel: Das Zeitalter Voltaires. Bern–München 1967. In: Kulturgeschichte der Menschheit. Bd. 9 [Enthält ausführliche Bibliographie insbes. angloamerikanischer Voltairiana]
Ewald, O.: Die französische Aufklärungsphilosophie. München 1924
Gaxotte, P.: Le siècle de Louis XV. Paris 1941
Groethuysen, B.: Die Entstehung der bürgerlichen Welt- und Lebensanschauung in Frankreich. 2 Bde. Halle 1927–1930
Hatzfeld, H.: Geschichte der französischen Aufklärung. München 1922
Hazard, P.: La crise de la conscience européenne 1680–1715. 3 Bde. Paris 1934–1935 – Übers. von H. Wegener u. d. Titel: Die Krise des europäischen Geistes. Hamburg 1939
La pensée européenne au 18e siècle de Montesquieu à Lessing. Paris 1946 – Übers. von H. Wegener und K. Linnebach u. d. Titel: Die Herrschaft der Vernunft. Hamburg 1949
Hettner, H.: Geschichte der französischen Literatur im 18. Jahrhundert. Braunschweig 1860
Krauss, W.: Studien zur deutschen und französischen Aufklärung. Berlin 1963
Mornet, D.: Les origines intellectuelles de la Révolution Française 1715–1797. Paris 1933 [Enthält Bibliographie von 1576 Titeln.]
La pensée française au 18e siècle. Paris 1926
Mowat, R. B.: The age of reason. The continent of Europe in the 18th century. London 1934

NICOLSON, H.: The age of reason. London 1960 – Übers. von U. v. Zedlitz u. d. Titel: Das Zeitalter der Vernunft. Wien–München 1961
PELLISSON, M.: Les hommes de lettres au 18e siècle. Paris 1911
RÉAU, L.: L'Europe française au siècle des lumières. Paris 1938
SAMOUILLAN, A.: La société française au 18e siècle, d'après les mémoires. Paris 1913
SÉE, H.: La France économique et sociale au 18e siècle. Paris 1924
L'évolution de la pensée politique en France au 18e siècle. Paris 1925
TOCQUEVILLE, A. DE: Histoire philosophique du règne de Louis XV. 2 Bde. Paris 1847
VALJAVEC, F.: Geschichte der abendländischen Aufklärung. Wien–München 1961

### *4. Biographien und zusammenfassende Darstellungen*

ALDINGTON, R.: Voltaire. London 1925
ARTAMONOW, S.: Voltaire. Moskau 1954
BELLESSORT, A.: Essai sur Voltaire. Paris 1925
BERTAUT, J.: Voltaire. Paris 1910
BRAILSFORD, H. N.: Voltaire. London 1935 – Übers. von O. v. Gal u. d. Titel: Voltaire. Nürnberg 1948
BRANDES, G.: Voltaire. 2 Bde. Kopenhagen 1916–1917 – Übers. von E. Stein und E. R. Eckert u. d. Titel: Voltaire und sein Jahrhundert. 2 Bde. Berlin 1923
CÉLARIÉ, H.: Monsieur de Voltaire, sa famille et ses amis. Paris 1928
CHAMPION, E.: Voltaire. Études critiques. Paris 1892
CHARPENTIER, J.: Voltaire. Paris 1938
CROUSLÉ, L.: La vie et les œuvres de Voltaire. 2 Bde. Paris 1899
DELATTRE, A.: Voltaire l'impétueux. Paris 1957
DERSHAWIN, K. N.: Voltaire. Moskau 1946
DESNOIRESTERRES, G.: Voltaire et la société française au 18e siècle. 8 Bde. Paris 1868 – Neudruck. Genf 1967
FAGUET, E.: Voltaire. Paris 1885
FRANCIS, L.: La vie privée de Voltaire. Paris 1948
GIRNUS, W.: Voltaire. Berlin (Ost) 1958
HOUSSAYE, A.: Le roi Voltaire. Paris 1858
KREITEN, W.: Voltaire. Ein Charakterbild. Freiburg i. B. 1885
LANSON, G.: Voltaire. Paris 1906 – Neuaufl. Paris 1960
LEITHÄUSER, J.: Er nannte sich Voltaire. Bericht eines großen Lebens. Stuttgart 1961
MAHRENHOLTZ, R.: Voltaires Leben und Werke. 2 Bde. Oppeln 1885
MAUROIS, A.: Voltaire. Paris 1945
MEYER, A.: Voltaire. Man of justice. New York 1945
MISSENHARTER, H.: Voltaire. Urach 1949
MORLEY, J.: Voltaire. London 1923
NAVES, R.: Voltaire, l'homme et l'œuvre. Paris 1942

Noyes, A.: Voltaire. London 1936 – Übers. von W. Rüttenauer. München 1958
Orieux, J.: Voltaire ou la royauté de l'esprit. Paris 1966 – Übers. von J. Kirchner u. d. Titel: Das Leben des Voltaire. 2 Bde. Frankfurt a. M. 1968
Oulmont, Ch.: Voltaire en robe de chambre. Paris 1936
Parton, J.: Life of Voltaire. 2 Bde. Boston 1881
Pomeau, R.: Voltaire par lui-même. Paris 1955 (= Écrivains de toujours. 28)
Popper-Lynkeus, J.: Voltaire. Eine Charakteranalyse. Dresden 1905
Schirmacher, K.: Voltaire. Leipzig 1898
Strauss, D. F.: Voltaire. Leipzig 1870 [Mehrere Neuausgaben u. a. in: Kröners Taschenausgabe. Bd. 33]
Tallentyre, S. G.: Life of Voltaire. 2 Bde. London 1903 – Neuaufl. New York 1953
Thaddeus, V.: Voltaire, genius of mockery. New York 1928
Valéry, P.: Discours sur Voltaire. Paris 1945
Vial, F.: Voltaire, sa vie et son œuvre. Paris 1953 [mit Texten Voltaires]

## *5. Die Zeitgenossen*

### a) Zeugnisse der Zeitgenossen

Boswell, J.: Große Reise. Deutschland und die Schweiz 1764. Übers. von F. Güttinger der engl. Originalausg.: Boswell on the Grand Tour. Stuttgart–Konstanz 1955
Casanova, Giacomo: Memoiren [Diverse dt. Übers. Kapitel üb. Voltaire meist im 11. Teil enthalten.]
Châtelet, E. Marquise du: Les lettres. Hg. von Th. Besterman. 2 Bde. Genf 1958
Colini, C. A.: Mon séjour auprès de Voltaire. Paris 1807 [Bericht des Sekretärs]
Damilaville, E.: Voltaire à Paris 1778. Paris 1878 [Zeitgenössische Berichte über Voltaires letzte Monate.]
Friedrich der Grosse: Gedächtnisrede auf Voltaire 1778. In: Die Werke Friedrichs d. Gr. 10 Bde. Berlin 1913 (Bd. 8)
Graffigny, F. de: Vie privée de Voltaire et de Mme. du Châtelet, pendant un séjour de six mois à Cirey. Paris 1820
Harel, E.: Voltaire. Particularités curieuses de sa vie et sa mort. Porrentruy 1781
Knüppel, J.-F.: Gemälde von dem Leben und Charakter, den Meinungen und Schriften des Philosophen Voltaire. Leipzig 1792
Longchamp, S. G., und J. L. Wagnière: Mémoires sur Voltaire. 2 Bde. Paris 1826 [Erinnerungen der Sekretäre]
Mangold, W.: Voltaires Rechtsstreit mit dem Königlichen Schutzjuden Hirschel 1751. Prozeßakten und Briefe. Berlin 1905

PROD'HOMME, J. G.: Voltaire raconté par ceux qui l'ont vu. Paris 1929 [Sammlung von Berichten]

b) Spätere Literatur

BALLANTYNE, A.: Voltaire's visit to England. London 1893
BARTHÉLÉMY, CH.: Voltaire et Rousseau jugés l'un par l'autre. Paris 1878
BELLUGOU, H.: Voltaire et Frédéric II au temps de la marquise du Châtelet, un trio singulier. Paris 1962
BÉNARD, P.: Frédéric et Voltaire. Paris 1878
BRANDES, G.: Voltaire in seinem Verhältnis zu Friedrich dem Großen und Jean Jacques Rousseau. Berlin 1909
CALARY, R.: Les clients de Voltaire. Paris 1868
CALMETTES, P.: Choiseul et Voltaire. Paris 1902
CAUSSY, F.: Voltaire seigneur de village. Paris 1912
CEITAC, J.: Voltaire et l'affaire des natifs. Genf 1956
CHAMPENDAL, E.: Voltaire et les Protestants de France. Genf 1919
CHAPONNIERE, P.: Voltaire chez les Calvinistes. Paris 1936
CHARDONCHAMP, G.: La famille de Voltaire, les Arouet. Avec tableau généalogique. Paris 1910
CHASSAIGNE, M.: L'Affaire Calas. Paris 1929
COLLINS, J. CH.: Voltaire, Montesquieu and Rousseau in England. London 1908
COQUEREL, A.: Jean Calas et sa famille. Paris 1858
GABEREL, J.: Voltaire et les Genèvois. Genf–Paris 1857
GALLAND, E.: L'Affaire Sirven. Mazamet 1911
HENRIOT, E.: Voltaire et Frédéric II. Paris 1927
MAHRENHOLTZ, R.: Voltaire im Urteil der Zeitgenossen. Oppeln 1883
MAUREL, A.: La Marquise du Châtelet. Paris 1930
MEINHARDT, G.: Voltaire und seine Sekretäre. Berlin 1915 [Diss.]
MEYER, J. B.: Voltaire und Rousseau in ihrer socialen Bedeutung dargestellt. Berlin 1856
MÖNCH, W.: Voltaire und Friedrich der Große. Das Drama einer denkwürdigen Freundschaft. Stuttgart 1943
NISARD, C.: Les ennemis de Voltaire. Paris 1853
NOËL, E.: Voltaire et Rousseau. Paris 1863
OBSER, K.: Voltaires Beziehungen zu der Markgräfin Karoline Luise von Baden-Durlach und dem Karlsruher Hofe. In: Festschrift zum fünfzigjährigen Regierungsjubiläum des Großherzogs Friedrich von Baden. Heidelberg 1903
OLIVIER, J.: Voltaire à Lausanne. Lausanne 1842
RABAUD, C.: Sirven. Étude historique. Paris 1891
REMA, E.: Voltaires Geliebte. Ein Lebensbild [der Marquise du Châtelet]. Dresden–Leipzig 1913
ROULET, L. E.: Voltaire et les Bernois. Neuchâtel–Paris 1950
SCHULTHESS, R.: Friedrich und Voltaire in ihrem persönlichen und literarischen Wechselverhältnis. Nordhausen 1850

SPATZLER, M.: Der Abbé Desfontaines. Ein Kritiker des Voltaire. Leipzig 1904
STERN, J.: Voltaire et sa nièce Madame Denis. Genf–Paris 1957
TALLENTYRE, S. G.: The friends of Voltaire. London–New York 1907
TRONCHIN, H.: Le conseiller François Tronchin et ses amis Voltaire, Diderot, Grimm etc. d'après des documents inédits. Paris 1895
VARNHAGEN VON ENSE, K. A.: Voltaire in Frankfurt 1753. Leipzig 1859
VENEDEY, J.: Friedrich der Große und Voltaire. Leipzig 1859
WADE, I.: Studies on Voltaire, with some unpublished papers of Madame du Châtelet. Princeton 1947

### *6. Einzelprobleme*

#### a) Geschichte und Politik

BRUMFITT, J. H.: Voltaire historian. Oxford 1958
GAY, P.: Voltaire's politics. The poet as realist. Princeton 1959
MARTIN, A. VON: Motive und Tendenzen in Voltaires Geschichtsschreibung. In: Historische Zeitschrift, Jg. 1917
PERKINS, M. L.: Voltaire's concept of international order. Genf 1965 (= Studies on Voltaire. Bd. 36)
POMEAU, R.: Politique de Voltaire. Paris 1963 [Mit Texten Voltaires]
ROWE, C.: Voltaire and the state. New York 1955
SAKMANN, P.: Die Probleme der historischen Methodik und der Geschichtsphilosophie bei Voltaire. In: Historische Zeitschrift, Jg. 1906
STAKEMANN, J. G.: Voltaire. Wegbereiter der Französischen Revolution. Berlin 1936
WALDINGER, R.: Voltaire and reform in light of French Revolution. Genf–Paris 1959

#### b) Literatur und Theater

BENGESCO, G.: Les comédiennes de Voltaire. Paris 1913
BOTTIGLIA, W. F.: Voltaire's Candide. Analysis of a classic. Genf 1959 (= Studies on Voltaire. Bd. 7)
DESCHANEL, E.: Le théâtre de Voltaire. Paris 1888
FAGUET, E.: Dixhuitième siècle. Études littéraires. Paris 1890
FLOWERS, R.: Voltaire's stylistic transformation of Rabelaisian satirical devices. Washington 1951 [Diss.]
FRIEDRICH, H.: Voltaire und seine Romane. In: Die Neue Rundschau, Jg. 1959
HERMANN, G.: Voltaires dramatische Arbeitsweise. München 1925 [Diss.]
KERSTEN, K.: Voltaires Henriade in der deutschen Kritik. Berlin 1914
KORFF, H. A.: Voltaire im literarischen Deutschland des achtzehnten Jahrhunderts. 2 Bde. Heidelberg 1917
LANCASTER, H. C.: French tragedy in the time of Louis XV and Voltaire. 2 Bde. Baltimore–London–Paris 1950

LION, H.: Les tragédies et les théories dramatiques de Voltaire. Paris 1895
LOUNSBURY, TH.: Shakespeare and Voltaire. London 1902
MERIAN-GENAST, E.: Voltaire und die Entwicklung der Weltliteratur. In: Romanische Forschungen, Jg. 1927
MYLNE, V.: Literary techniques and methods in Voltaire's contes philosophiques. Genf 1967 (= Studies on Voltaire. Bd. 57)
OLIVIER, J. J.: Voltaire et les comédiens interprètes de son théâtre. Paris 1900
SOURIAU, M.: La langue de Voltaire dans sa correspondance. In: Revue d'Histoire Littéraire, Jg. 1921
WADE, I.: Voltaire and Candide. Princeton 1959
WILLIAMS, D.: Voltaire: literary critic. Genf 1966 (= Studies on Voltaire. Bd. 48)

### c) Religion, Philosophie, Wissenschaften

BERSOT, E.: La philosophie de Voltaire. Paris 1848
BROOKS, R. A.: Voltaire and Leibniz. Genf 1964
CARRÉ, J. R.: Consistance de Voltaire le philosophe. Paris 1938
DÉDÉYAN, CH.: Voltaire et la pensée anglaise. Paris 1956
HURN, A. S.: Voltaire et Bolingbroke. Étude comparative sur leurs idées philosophiques et religieuses. Paris 1915
LAABS, E.: Voltaire und die Enzyklopädie. Berlin 1920 [Diss.]
LIBBY, M. S.: The attitude of Voltaire to magic and the sciences. New York 1935
MOREHOUSE, A. R.: Voltaire and Jean Meslier. New Haven 1936
NAVES, R.: Le goût de Voltaire. Paris 1938
Voltaire et l'Encyclopédie. Paris 1938
NOURISSON, J. F.: Voltaire et le Voltairianisme. Paris 1896
POMEAU, R.: La religion de Voltaire. Paris 1956
POPPER-LYNKEUS, J.: Das Recht zu leben und die Pflicht zu sterben. Sozialphilosophische Betrachtungen anknüpfend an die Bedeutung Voltaires für die neuere Zeit. Dresden–Leipzig 1903
ROBERT, L.: Voltaire et l'intolérance religieuse. Lausanne 1904
SAITSCHICK, R.: Französische Skeptiker. Voltaire, Mérimée, Renan. Berlin 1906
SAKMANN, P.: Voltaires Geistesart und Gedankenwelt. Stuttgart 1910
SCHALF, F.: Einleitung in die Enzyklopädie der französischen Aufklärung. München 1936
TORREY, N.: The spirit of Voltaire. New York 1938
Voltaire and the English deists. Newhaven 1930

### d) Varia

BARR, M. M. H.: Voltaire in America 1744–1800. Baltimore 1941
BESTERMAN, TH.: Voltaire Essays and another. London 1962
BOUVY, E.: Voltaire et l'Italie. Paris 1898
DELATTRE, A.: Répertoire chronologique des lettres de Voltaire non recueillies dans les éditions de sa correspondance générale. Chapel Hill 1952

DESNOIRESTERRES, G.: Iconographie Voltairienne. Paris 1879 (mit Abb.)
DIEHL, R.: Beaumarchais als Nachfolger Baskervilles. Entstehungsgeschichte der Kehler Voltaire-Ausgabe. Frankfurt a. M. 1925
DONVEZ, J.: De quoi vivait Voltaire? Paris 1949
EMMERICH, H.: Das Judentum bei Voltaire. In: Sprache und Kultur der romanischen Völker. Breslau 1930 (Bd. 5)
ENDEMANN, H.: Voltaires reformatorischer Einfluß auf das französische Strafrecht und seine Ausübung. Heidelberg 1916
FONTIUS, M.: Voltaire in Berlin. Zur Geschichte der bei G. C. Walther veröffentlichten Werke Voltaires. Berlin (Ost) 1966
GIELLY, L.: Voltaire. Documents iconographiques. Genf 1948 (mit 80 Abb.)
HAVENS, G. R., und N. TORREY: Voltaire's catalogue of his library at Ferney. Genf 1959 (= Studies on Voltaire. Bd. 9)
HERTZ, E.: Voltaire und die französische Strafrechtspflege im achtzehnten Jahrhundert. Stuttgart 1887
JAN, E. VON: Voltaire und die Gegenwart. In: German.-roman. Monatsschrift, Jg. 1931 [Bilanz der Voltaire-Literatur]
KOZMONSKI, L.: Voltaire financier. Paris 1929
LJUBLINSKI, W. S.: Voltaire-Studien. Aus dem Russ. übers. von W. Techtmeier. Berlin (Ost) 1961 [Über Voltaires Bücherei in Leningrad.]
MAHRENHOLTZ, R.: Voltaire-Studien. Beiträge zur Kritik des Historikers und des Dichters. Oppeln 1882
MITFORD, N.: Voltaire in love. London 1957
NICOLARDOT, L.: Ménage et finances de Voltaire. Paris 1887
PERCY, L., und G. MAUGRAS: La vie intime de Voltaire aux Délices. Paris 1885
PIGNET, G.: Voltaire et la vérité sur sa vie amoureuse. Paris 1938
POMEAU, R.: Où en sont les études sur Voltaire? In: L'Information Littéraire, Jg. 1952
La confession et la mort de Voltaire, d'après des documents inédits. In: Revue d'Histoire Littéraire, Jg. 1955
STRAETEN, E. VAN DER: Voltaire musicien. Paris 1878
VERCRUYSSE, J.: Voltaire et la Hollande. Genf 1966 (= Studies on Voltaire. Bd. 46)
WADE, I.: The search for a new Voltaire. In: Transactions of the American philosophical society. Philadelphia 1958
WALDINGER, R.: Voltaire and medicine. Genf 1967 (= Studies on Voltaire. Bd. 58)
WECHSSLER, E.: Die Auseinandersetzung des deutschen Geistes mit der französischen Aufklärung 1732–1832. In: Deutsche Vierteljahresschrift, Jg. 1923

# NAMENREGISTER

*Die kursiv gesetzten Zahlen bezeichnen die Abbildungen*

## QUELLENNACHWEIS DER ABBILDUNGEN

Rowohlt-Archiv: 6, 16 oben, 91, 93, 123 / Staatsbibliothek, Berlin: 8/9, 31, 38, 86, 106, 107, 114, 131 / Photo N. D. Roger-Viollet: 13, 24, 26 oben, 103, 134, 136, 151, 153 / Slg. Georg Holmsten: 16/17, 26 unten, 36, 49, 51, 54, 57, 58, 59, 66, 67, 68, 72, 76/77, 79, 83 oben, 83 unten, 84, 88, 89, 97, 99, 104, 105, 113, 115, 116, 124, 149 / Girandon, Paris: 19 / Archiv für Kunst und Geschichte, Berlin-Nikolassee: 22, 39, 40, 62, 64, 96, 127, 128/129, 141, 143/144, 147, 150

MARX / Werner Blumenberg [76]
NIETZSCHE / Ivo Frenzel [115]
PASCAL / Albert Béguin [26]
PLATON / Gottfried Martin [150]
ROUSSEAU / Georg Holmsten [191]
SCHLEIERMACHER / Friedrich Wilhelm Kantzenbach [126]
SCHOPENHAUER / Walter Abendroth [133]
SOKRATES / Gottfried Martin [128]
SPINOZA / Theun de Vries [171]
RUDOLF STEINER / J. Hemleben [79]
VOLTAIRE / Georg Holmsten [173]
SIMONE WEIL / A. Krogmann [166]

## RELIGION

SRI AUROBINDO / Otto Wolff [121]
KARL BARTH / Karl Kupisch [174]
JAKOB BÖHME / Gerhard Wehr [179]
MARTIN BUBER / Gerhard Wehr [147]
BUDDHA / Maurice Percheron [12]
EVANGELIST JOHANNES / Johannes Hemleben [194]
FRANZ VON ASSISI / Ivan Gobry [16]
JESUS / David Flusser [140]
LUTHER / Hanns Lilje [98]
MÜNTZER / Gerhard Wehr [188]
PAULUS / Claude Tresmontant [23]
TEILHARD DE CHARDIN / Johannes Hemleben [116]

## GESCHICHTE

ALEXANDER DER GROSSE / Gerhard Wirth [203]
BEBEL / Helmut Hirsch [196]
BISMARCK / Wilhelm Mommsen [122]
CAESAR / Hans Oppermann [135]
FRIEDRICH II. / Georg Holmsten [159]
CHE GUEVARA / Elmar May [207]
GUTENBERG / Helmut Presser [134]
HO TSCHI MINH / Reinhold Neumann-Hoditz [182]
W. VON HUMBOLDT / Peter Berglar [161]
KARL DER GROSSE / Wolfgang Braunfels [187]
LENIN / Hermann Weber [168]
LUXEMBURG / Helmut Hirsch [158]
MAO TSE-TUNG / Tilemann Grimm [141]
NAPOLEON / André Maurois [112]
RATHENAU / Harry Wilde [180]
SCHUMACHER / H. G. Ritzel [184]
TITO / Gottfried Prunkl u. Axel Rühle [199]
TROTZKI / Harry Wilde [157]

## PÄDAGOGIK

PESTALOZZI / Max Liedtke [138]

## NATURWISSENSCHAFT

DARWIN / Johannes Hemleben [137]
EINSTEIN / Johannes Wickert [162]
GALILEI / Johannes Hemleben [156]
OTTO HAHN / Ernst H. Berninger [204]
A. VON HUMBOLDT / Adolf Meyer-Abich [131]
KEPLER / Johannes Hemleben [183]
MAX PLANCK / Armin Hermann [198]

## MEDIZIN

ALFRED ADLER / Josef Rattner [189]
FREUD / Octave Mannoni [178]
C. G. JUNG / Gerhard Wehr [152]
PARACELSUS / Ernst Kaiser [149]

## KUNST

DÜRER / Franz Winzinger [177]
MAX ERNST / Lothar Fischer [151]
KLEE / Carola Giedion-Welcker [52]
LEONARDO DA VINCI / Kenneth Clark [153]
PICASSO / Wilfried Wiegand [205]

## MUSIK

BACH / Luc-André Marcel [83]
BARTÓK / Everett Helm [107]
BEETHOVEN / F. Zobeley [103]
BRAHMS / Hans A. Neunzig [197]
BRUCKNER / Karl Grebe [190]
CHOPIN / Camille Bourniquel [25]
HÄNDEL / Richard Friedenthal [36]
LISZT / Everett Helm [185]
MAHLER / Wolfgang Schreiber [181]
MOZART / Aloys Greither [77]
OFFENBACH / Walter Jacob [155]
REGER / Helmut Wirth [206]
SCHÖNBERG / Eberhard Freitag [202]
SCHUMANN / André Boucourechliev [6]
R. STRAUSS / Walter Deppisch [146]
TELEMANN / Karl Grebe [170]
VERDI / Hans Kühner [64]
WAGNER / Hans Mayer [29]

## Französische Literatur

**FRANCE, ANATOLE** Die rote Lilie [153]

**LE SAGE** Die Geschichte des Gil Blas von Santillana [127]

**TOCQUEVILLE, ALEXIS DE** Der alte Staat und die Revolution [234]

## Griechische Literatur und Philosophie

**AISCHYLOS** Tragödien und Fragmente [213]

**HELIODOR** Aithiopika – Die Abenteuer der schönen Chariklea. Ein griechischer Liebesroman [120]

**HIPPOKRATES** Schriften / Die Anfänge der abendländischen Medizin [108]

**HOMER** Die Odyssee / Übersetzt in deutsche Prosa von Wolfgang Schadewaldt [29]

**PLATON** Sämtliche Werke / Herausgegeben von Walter F. Otto, Ernesto Grassi, Gert Plamböck – Band I: Apologie, Kriton, Protagoras, Ion, Hippias II, Charmides, Laches, Euthyphron, Gorgias, Briefe [1] – Band II: Menon, Hippias I, Euthydemos, Menexenos, Kratylos, Lysis, Symposion [14] – Band III: Phaidon, Politeia [27] – Band IV: Phaidros, Parmenides, Theaitetos, Sophistes [39] – Band V: Politikos, Philebos, Timaios, Kritias [47] – Band VI: Nomoi [54]

## Italienische Literatur und Philosophie

**BRUNO, GIORDANO** Heroische Leidenschaften und individuelles Leben [16]

**CELLINI, BENVENUTO** – sein Leben von ihm selbst geschrieben / Übersetzt und herausgegeben von Goethe [22]

**GOLDONI, CARLO** Herren im Haus / Viel Lärm in Chiozza. Zwei Komödien [132]

## Östliche Literatur und Philosophie

**AUROBINDO, SRI** Der integrale Yoga [24]

## Römische Literatur

**CAESAR, C. JULIUS** Der Gallische Krieg [175]

**CICERO** Über die Gesetze [239]

**HORAZ** Episteln / Lateinisch und Deutsch [144]

**MARC AUREL** Wege zu sich selbst [181]

**SALLUST** Die Verschwörung des Catilina / Lateinisch und Deutsch [165]

## Spanische Literatur

**GRACIAN, BALTASAR** Criticón oder Über die allgemeinen Laster des Menschen [2]

## Philosophie des Humanismus und der Renaissance

**DER UTOPISCHE STAAT – THOMAS MORUS,** Utopia / **TOMMASO CAMPANELLA,** Sonnenstaat / **FRANCIS BACON,** Neu-Atlantis / Herausgegeben von Klaus J. Heinisch [68]

## Philosophie der Neuzeit

**MARX, KARL** Texte zu Methode und Praxis I: Jugendschriften 1835–1841 [194] – II: Pariser Manuskripte 1844 [209] – III: Der Mensch in Arbeit und Kooperation. Aus den Grundrissen der Kritik der politischen Ökonomie 1857/58 [218]

## Texte des Sozialismus und Anarchismus

**BLANQUI, LOUIS-AUGUSTE** – Schriften zur Revolution. Nationalökonomie und Sozialkritik. Hg.: Arno Münster [267]

**BUCHARIN, NIKOLAJ IWANOWITSCH** – Ökonomik der Transformationsperiode. Hg.: Günter Hillmann [261]

**Die Frühsozialisten 1789–1848 II.** Hg.: Michael Vester [280]

**Die Rätebewegung I u. II.** Hg.: Günter Hillmann [277 u. 269]

**Die russische Arbeiteropposition.** Die Gewerkschaften in der Revolution. Hg.: Gottfried Mergner [291]

**ENGELS, FRIEDRICH** – Studienausgabe 1.–4. Hg.: Hartmut Mehringer und Gottfried Mergner [292, 293, 295 u. 296]

**DEBATTE UM ENGELS 1,** Weltanschauung, Naturerkenntnis, Erkenntnistheorie. Hg.: Hartmut Mehringer und Gottfried Mergner [294]

**DEBATTE UM ENGELS 2,** Philosophie der Tat, Emanzipation, Utopie [297]

**Gruppe Internationale Kommunisten Hollands.** Grundprinzipien kommunistischer Produktion und Verteilung. Intelligenz im Klassenkampf und andere Schriften. Hg.: Gottfried Mergner [285]

**KROPOTKIN, PETER** Worte eines Rebellen. Hg.: Dieter Marc Schneider [290]

**LASSALLE, FERDINAND** – Arbeiterlesebuch und andere Studientexte. Hg.: Wolf Schäfer [289]

**LENIN, WLADIMIR ILJITSCH** – Für und wider die Bürokratie. Schriften und Briefe 1917–1923. Hg.: Günter Hillmann [246]

**LUXEMBURG, ROSA** – Schriften zur Theorie der Spontaneität. Hg.: Susanne Hillmann [249]
– Einführung in die Nationalökonomie. Hg. Karl Held [268]

**Pariser Kommune 1871 I.** Texte von Bakunin, Kropotkin und Lavrov. **II.** Texte von Marx, Engels, Lenin und Trotzki. Hg.: Dieter Marc Schneider [286 u. 287]

**PROUDHON, PIERRE-JOSEPH** – Bekenntnisse eines Revolutionärs, um zur Geschichtsschreibung der Februarrevolution beizutragen. Hg.: Günter Hillmann [243]

**RÜHLE, OTTO** – Schriften. Perspektiven einer Revolution in hochindustrialisierten Ländern. Hg.: Gottfried Mergner [255]
– Baupläne für eine neue Gesellschaft. Hg.: Henry Jacoby [288]

**STALIN, JOSEF W.** – Schriften zur Ideologie der Bürokratisierung. Hg.: Günter Hillmann [258]

**TROTZKI, LEO** – Schriften zur revolutionären Organisation. Hg.: Hartmut Mehringer [270]
– **Stalin.** Hg.: Hartmut Mehringer. Band I [283]; Band II [284]

**WEITLING, WILHELM** – Das Evangelium des armen Sünders / Die Menschheit, wie sie ist und wie sie sein sollte. Hg.: Wolf Schäfer [274]

107/14

rororo wissen

# Geschichte der Philosophie

**Mit Quellentexten**

**I: Karl Vorländer, Philosophie des Altertums**
Bearbeitet von Erwin Metzke. Mit Quellentexten ausgewählt von Ernesto Grassi und Eckhard Kessler [183]

**II: Karl Vorländer, Philosophie des Mittelalters**
Bearbeitet von Erwin Metzke. Mit einem Schlußkapitel von Ernst Hoffmann und Quellentexten ausgewählt von Ernesto Grassi und Eckhard Kessler [193]

**III: Karl Vorländer, Philosophie der Renaissance**
**Beginn der Naturwissenschaft**
Bearbeitet von Hinrich Knittermeyer. Mit Quellentexten und bibliographischen Ergänzungen versehen von Eckhard Kessler [242]

**IV: Karl Vorländer, Philosophie der Neuzeit**
**Descartes / Hobbes / Spinoza / Leibniz**
Bearbeitet von Hinrich Knittermeyer. Mit Quellentexten und bibliographischen Ergänzungen versehen von Eckhard Kessler [261]

**V: Karl Vorländer, Philosophie der Neuzeit**
**Die Aufklärung**
Bearbeitet von Hinrich Knittermeyer. Mit Quellentexten und bibliographischen Ergänzungen versehen von Eckhard Kessler [281]

**VI: Johann Eduard Erdmann, Philosophie der Neuzeit**
**Der deutsche Idealismus**
Mit einem Anhang: Quellentexte und Bibliographie von Barbara Gerl [364]

**VII: Johann Eduard Erdmann, Philosophie der Neuzeit**
**Der deutsche Idealismus**
Mit einem Anhang: Quellentexte und Bibliographie von Barbara Gerl [365]

236/7